정부의 예산, 결산 분석과 감시

대한민국 예산재정분석서

정부의 예산,
결산 분석과 감시

조일출 지음

모아북스
MOABOOKS

우리가 낸 **세금** 제대로 쓰이고 있을까요?

정확히 어디에 어떻게 쓰이고 있는지를 알아야

문제점을 바로 잡을 수 있지요.

"세금, 줄줄이 **새고** 있는 것 아니야?"

"정부 예산, 결산을 똑똑하게 볼 줄 알아야 해."

"비판을 하려면 우선 제대로 알고 해야지."

국민이라면 누구나 **세금**을 냅니다.
국가의 **재무제표**에 적힌 숫자들이
무엇을 의미하는지 제대로 알아야 **성과**를
가늠할 수 있습니다.
하물며 한 나라의 **예산**은 어떨까요?
혈세 **낭비**를 비판만 하기 전에
먼저 제대로 읽고 **분석**할 줄 알아야 하지 않을까요?

대통령만 바뀐다고, 정권만 바뀐다고

세상이 달라지지는 않습니다.

우리 **모두**가 이 사실을 잘 알고 있습니다.

정치가가 제안한 정책을 모두가 **이해**하고 모두가 이해한 것을

현실적인 정책으로 **실현**시키려면 세금의 흐름과

핵심적 지표를 읽고 **분석**할 수 있어야 하죠.

그것이 바로 **정부 예산과 결산 분석**이 우리에게

꼭 필요한 **이유**입니다.

경영을 제대로 하기 위해서는 회계와 숫자를 이해해야 하듯이

국민이 낸 세금을 제대로 **운용**하기 위해서는

정치인 및 행정 관료가 **정부 재정**을 분석할 수 있어야 합니다.

예산의 주인은 바로 **국민**이기 때문입니다.

"네 **돈**이면 이렇게 쓰겠니?"

"내가 낸 돈이니까 **제대로** 쓰이도록 지켜봐야지!"

예산의 주인은 기재부가 아니라

바로 세금을 낸 모든 **국민**입니다.

정치 지도자라면 정책이 **예산 편성**과

집행으로 이어지도록 해야 합니다.

그리고 모든 유권자와 시민은

예산이 **올바로 집행**되고 있는지

제대로 살펴볼 줄 알아야 합니다.

대한민국 **혈세 낭비와 비리**를
사전에 예방하기 위해서는

예산과 결산 분석을 함께 감시하여
재정을 **주도적**으로 이끌어야 합니다!

국민의 돈인 **예산의 중요성**은
아무리 강조해도 지나침이 없습니다.

국민이 체감할 수 있는 **정책 변화**를 위해서는
예산과 재정정책이 함께 바뀌어야 합니다.

그러므로 바로 **지금**,

무엇보다 **절실**한 것은

재정 분석을 위한 **재무제표 읽기**!

정부 재정 분석,

누구나 할 수 있습니다!

그 **주인공**은

공무원과 정치인이 아니라

예산의 주인인 국민입니다.

20년간의 **재정 정책 경험**을 바탕으로
이론이 아닌 실전에서 활용할 수 있는

재정 분석을 처음부터 하나씩 꼼꼼히
알려드리겠습니다.

지금

시작합니다.

• •

정치는 정책에 의해 성공여부가 좌우되고, 모든 정책은 예산과 재정의 문제로 귀결된다. 대통령만 바뀐다고 국민이 꿈꾸는 세상이 오지는 않는다. 이에 걸맞은 예산과 재정정책이 반드시 함께 바뀌어야만 한다.

대통령이나 정치가가 통치를 한다는 것은 자신의 이념과 비전을 반영한 정책에 대해 예산을 편성하고 이를 집행하는 것이다. 따라서 대통령이나 국회, 지방자치단체장은 관료나 기재부에만 예산과 재정을 맡기지 말아야 한다. 국민을 위한 정책 우선순위를 결정하는 데 주도적인 역할을 해야 하며 결정된 정책이 예산 편성으로 구체화되도록 지속적으로 영향을 미칠 수 있어야 한다.

또한 유권자나 시민사회단체도 진정으로 깨어있는 시민이 되기 위해서는 과연 '우리가 낸 세금이 제대로 쓰이고 있는지?' 확인하고 이를 위한 예산과 재정에 대한 기본지식을 습득해야만 한다.

이 책은 정치리더, 시민사회단체 및 유권자들뿐만 아니라 공무원과 관료들에게도 예산과 재정을 꿰뚫어 볼 수 있는 창과 같은 지식과 도움을 줄 것이라고 확신한다.

프랑스 혁명은 회계개혁을 이끌었고, 미국의 건국은 회계로부터 시작되었다. 저자는 분명한 바람이 있다. 이 책을 통해 정치리더나 유권자가 예산과 재정을 관료의 손에만 맡기지만 말고 주도적으로 이끌었으면 하는 것이다.

더 따뜻한 예산, 더 꼼꼼한 정책이 그 어느 때보다도 필요한 시점이다.

대한민국 예산재정전문분석가 조일출 박사

| 차례 |

INTRO ——— **6**
들어가는 글 ——— **14**

1장 예산의 주인은 국민이다

1. 예산 개혁 왜 필요한가? ——— **22**
2. 예산 재정 권력 독점하는 기획재정부 개혁 ——— **27**
3. 대통령의 하수인 역할하는 감사원 개혁 ——— **32**
4. 국가채무비율 적정 수준은 있는가? ——— **37**
5. 재정준칙, 지금 꼭 필요한가? ——— **40**

2장 바람직한 재정이란 무엇인가?

1. 재정의 의미 ——— **48**

2. 왜 재정과 예산을 알아야만 하는가? ——— **49**

3. 효과성과 효율성을 알아야 재정이 보인다 ——— **50**

4. 바람직한 재정과 예산이란? ——— **52**

5. 재정은 어떻게 구성되어 있는가? ——— **58**

6. 국가와 지방자치단체의 재정 및 예산 배분은
   어떻게 파악하는가? ——— **63**

7. 재정 관련법에는 무엇이 있는가? ——— **70**

3장 예산과 결산 이해하기

1. 예산서와 결산서 ——— **74**

2. 예산심사와 결산심사 ——— **78**

3. 중앙정부와 지방정부 예산편성 절차 ——— **80**

4장 원가를 알아야 예산을 제대로 수립한다

1. 예산은 원가계산이다 ——— **86**

2. 원가의 구분 ——— **88**

3. 예산편성과 원가 활용 ——— **90**

4. 원가와 비용편익분석 ——— **98**

5. 예비타당성조사 ——— **102**

5장 세입세출예산서와 결산재무제표 이해하기

1. 가계부와 재정보고서 ——— **110**

2. 지방자치단체 현금 흐름 ——— **114**

3. 세입세출예산서 이해하기 ——— **117**

4. 가계부와 세입세출예산서 한계점 ——— **126**

5. 결산재무제표 이해하기 ——— **130**

6. 결산재무제표 분석을 위한 10개 핵심지표 이해하기 ——— **150**

6장 지방자치단체 재정과 예산을 한눈에 파악하는 실전 분석 사례

1. 경기도 31개 시·군 세입세출예산서 비교분석 활용 사례 :
   파주시를 중심으로 ——— **172**
2. 17개 광역자치단체 결산재무제표 분석 활용 사례 ——— **208**

제7장 공공 재정 및 정부 회계 핵심용어

참고문헌 ——— **254**

1장

예산의 주인은 국민이다

01
예산 개혁 왜 필요한가?

• •

　정권의 성공 여부는 정책에 달려 있다. 그리고 모든 정책은 예산과 재정 문제로 귀결된다.

　대통령이 바뀌었다고 국민이 꿈꾸는 세상이 오는 것이 아니다. 대통령의 정착과 가치관이 예산편성을 통해 국민 속에 녹아들어 가야만 하는 것이다.

　결국 통치를 한다는 것은 대통령과 자치단체장 등 정치 리더가 자신의 이념과 비전을 반영한 정책을 예산으로 편성하고 집행하는 것이므로 예산을 아는 것은 그만큼 중요하다.

　예산은 국민의 돈이며 예산의 주인은 국민이다. 그런데 우리나라의 경우는 예산의 주인이 국민이 아니라 관료와 기획재정부이다. 특히 기획재정부가 예산의 편성권, 집행권, 재정, 경제 관련 모든 권한을 독점적으로 가지고 있기 때문에 이로 인해 많은 폐

단이 발생되고 있다.

대표적인 사례로 지난 2022년 대선 직전에 코로나로 인해 어려워진 민생을 살리기 위해 추경 예산편성을 국회와 많은 국민이 요청했으나, 기획재정부는 예산이 없다는 이유로 단호히 거절했다. 그러나 대선이 끝나고 윤석열 정부가 들어서자마자 바로 60조 원을 역대 최고의 추경 예산을 편성했다.

또 다른 대표적 사례로는 2023년 제1야당 대표가 민생과 청년을 살리고 폭우로 인한 수해 피해를 복구하기 위해 추경예산을 편성하자고 수 십 차례 외쳤는데도 기획재정부는 귀를 틀어 막고 꿈쩍도 하지 않았다.

지금 기획재정부가 확장재정을 반대하는 이유로 내세우는 것은 우리나라는 국가채무 증가 속도가 빠르고, 기축통화국이 아니기 때문에 재정건전성에 신경 써야 한다는 것이다.

우리나라의 경우 코로나로 인한 세계적인 비상상황에서 확장재정으로 인해 국가채무 증가 속도가 빨랐던 건 사실이나 2022년 말 현재 우리나라 국가채무는 1,067조 원으로 GDP 대비 49.4%(2023년 예산 기준 50.4%)로 여전히 건전하며, 비기축통화국 국가채무비율 평균 52.0%(2022년 기준) 보다도 여전히 낮은 수준이다.

또한 비기축 통화국이란 통상 IMF가 선진국으로 분류한 35개국 중 달러(미국/호주/캐나다), 유로, 엔, 위안, 파운드, 프랑 등을 쓰지 않는 우리나라를 포함한 체코, 덴마크, 홍콩, 아이슬란드, 이스라엘, 몰타, 뉴질랜드, 노르웨이, 싱가포르, 스웨덴 등 11국을 의미하는데, 우리나라를 제외한 다른 비기축 통화국들은 우리와 비교 할 수 없을 정도로 경제규모가 작다. 우리나라의 경제규모는 세계 10위권이지만, 위의 비기축 통화국들은 모두 20위권 안에 조차 들지 못한다.

그리고 이미 우리나라가 IMF 외환위기를 통해 경험했지만 비기축 통화국의 가장 큰 약점 중 하나가 외환보유액을 적게 보유했을 때 발생될 수 있는 유동성 위기 문제인데, 우리나라의 경우는 외환보유액도 세계 9위로 상당이 높아 안정적인 수준이다.

뿐만 아니라 국회 예산정책처 자료에 의하면 OECD 회원국 중 GDP 대비 정부지출 비율도 38.1%로 우리나라가 하위권이다.

이러한 상황들인 데도 기획재정부는 재정 건전성만을 강조하면서 민생과 국가경제를 살리기 위한 확장재정을 반대하고 있다. 그러면서 오히려 소수 대기업과 소수특권층의 세금은 13조 원이나 감면해 주었다.

지난 9월 기획재정부는 올해 국세 수입 전망치를 400조 5천억 원에서 무려 59조 1천억 원 낮춘 341.4조 원으로 수정 발표했는데, 그 감소율이 14.8%로 우리나라 정부 역사상 최대폭의 감소 비율이었다. 이중 법인세(25.4조)와 소득세(17.7조)가 총 43.1조 원으로 세수 감소액의 대부분을 차지하고 있다. 이러한 대규모 세수 결손 사태는 외환위기(IMF) 시절보다도 더 크게 발생한 것이다. 이는 대외경제 여건 악화로 인한 것도 있지만 기획재정부가 해준 대기업 법인세와 소수 특권층 소득세 감세 13조 원도 결정적 원인을 제공한 것이다.

기획재정부의 대기업 법인세 감세 명분은, 서민경제를 살린다는 소위 낙수효과를 내세웠으나, 영국 런던 정경대 연구결과는 이러한 낙수효과에 신뢰성을 제기 했으며, 국회예산정책처는 법인세 인하로 인한 세수감소 대책이 없다고까지 지적하며 부정적인 의견을 보이기 까지 했다.

기획재정부가 거의 특혜성에 가까운 세금감면을 해준 30대 대기업의 현재 사내유보금은 1,000조 원이 넘는다. 대기업의 곳간은 차고 넘치는데 반해 서민들의 가계부채는 GDP 대비 105%로 44개 주요국 평균 56.3%를 훨씬 뛰어 넘는 최고수준이다.

기획재정부가 낙수효과를 통해 진정 서민경제를 살리고자 한다면 대기업이 투자하지 않고 과다하게 보유하는 사내유보금에 대해 과세토록 하는 세법개정을 반드시 해야만 할 것이다.

이처럼 기획재정부는 부자들의 세금은 감면해주면서 확장재정을 통해 민생과 청년을 살리자는 국민과 야당의 외침에는 귀를 막았던 것이다. 이것들은 왜 예산개혁을 해야만 하는지를 단적으로 보여주는 사례들이다.

　지금 우리나라는 검찰이 수사권과 기소권 모두를 가짐으로서 발생되는 국가적 사회적 폐단이, 기획재정부가 예산과 재정, 경제 정책 모든 권한을 가짐으로서 발생되는 폐단으로 그대로 이어지고 있는 것이다.

02
예산 재정 권력 독점하는 기획재정부 개혁

　　　●　●

　　예산과 관련해 미국의 경우는 의회가 예산의 편성 및 확정권을 모두 가지고 있으나, 실질적으로는 대통령 직속으로 백악관에 있는 관리예산처(OMB : Office of Management and Budget)가 대통령예산안(the President's Budgetary Proposals)을 작성해 사전에 의회에 제출함으로서 예산의 기본 골격을 제시해주고 있다.

　　그리고 이러한 관리예산처(OMB)와 별도로 미 재무부(Department of Treasury)는 예산편성과 관련해 그 어떠한 직접적인 권한과 역할을 가지고 있지 않다. 미 재무부는 단지 예산집행에 대한 현금 흐름 감독 및 회계, 재정수입 및 지출 관리, 세입 추계 및 징세, 부채관리, 경제 및 재정 정책을 담당할 뿐이다. 이처럼 **미국의 경우는 정부부처 내에서도 예산과 경제 및 재정정책과 관련하여 관리예산처와 재무부의 역할이 분명히 나뉘어져 있다.**

관리예산처(OMB :Office of Management and Budget)

관리예산처는 초기에는 미 재무부 소속기관으로 '예산실'(Bureau of Budget)로 불리었으나, 1939년 대통령 직속 기관으로 바뀌었으며, 명칭도 1970년 닉슨 대통령 시절에 현재의 '관리예산처'로 바뀌게 된 것이다. '관리예산처'는 대통령 예산안의 편성 및 검토, 예산 배정과 관련하여 핵심 역할을 수행한다.

그런데 우리나라는 미국과 같은 대통령제 국가임에도 불구하고 기획재정부가 예산, 재정, 경제 관련한 모든 권한을 독점적으로 가지고 있다. 예산편성권과 예산집행권은 물론이고, 회계기준 제정, 재정 및 경제 정책과 관련해 모든 권력을 가지고 있는 것이다.

헌법 제54조에 의하면 정부가 예산안을 편성하고, 국회는 그 예산안을 심의 확정할 뿐이며, 증액시에도 정부의 동의를 받도록 하고 있다. 그리고 정부조직법 제27조에 의하면 기획재정부가 예산편성은 물론이고 재정 및 경제정책도 총괄하도록 명시하고 있다. 따라서 헌법에서 말하는 정부는 오직 기획재정부 만을 말하는 것이다. 결국 엄밀히 말하면 국회에 제출되고 있는 예산안은 정부예산(안)이 아니라 기획재정부예산(안)인 것이다.

헌법 제 54조

① 국회는 국가의 예산안을 심의 · 확정한다.

② 정부는 회계연도마다 예산안을 편성하여 회계연도 개시 90일 전까지 국회에 제출하고 국회는 회계연도 개시 30일 전까지 이를 의결하여야 한다.

헌법 제 57조

국회는 정부의 동의 없이 정부가 제출한 지출예산 각항의 금액을 증가하거나 새 비목을 설치할 수 없다.

미국은 우리나라와 같은 대통령제 국가이면서도 행정부 내에 예산은 관리예산처가, 재정 및 경제정책은 재무부가 맡도록 이원화시킴으로서 예산과 재정의 권력 독점 폐단을 철저히 막고 있다. 이에 반해 우리나라는 기획재정부가 예산, 재정, 경제 정책의 모든 권력을 독점함으로서 많은 폐단이 발생하고 있는 현실이다.

물론 우리나라의 경우도 외환위기 직후인 1998년 2월 김대중 정부에서 공공부문 개혁 최우선 과제로 당시 재정경제원을 축소

해 재정경제부로 개편하고, 예산편성 및 집행 기능은 대통령직속 기획예산위원회와 재정경제부 산하 예산청을 별도 신설해 담당토록 했다.

그리고 대통령 직속 기획예산위원회는 예산편성 지침의 작성, 재정개혁, 행정 개혁 업무를 담당하였고, 재정경제부 산하 예산청은 예산의 편성 및 그 집행의 관리를 관장하였다. 그러나 이후 관료들의 강한 반대에 부딪쳐 1999년 5월 대통령 직속 기획예산위원회와 예산청을 통합해 국무총리 산하에 기획예산처가 신설되었다.

그리고 이러한 기획예산처는 김대중 정부와 노무현 정부를 끝으로 지난 이명박 정부 때인 2008년 2월 결국 재정경제부와 기획예산처가 다시 통합되어 IMF 이전의 재정경제원보다도 더 막강한 현재의 기획재정부가 탄생하게 된 것이다.

이를 반증이나 하듯 현재의 〈기획재정부〉는 IMF 외환위기 당시 공공부문 개혁 최우선 대상이었던 〈재정경제원〉의 영문 표기 'Ministry of Finance and Economy'를 동일하게 그대로 사용하고 있다. 참고로 대한민국 국회 기획재정위원회의 영문 표기는 'Strategy and Finance Committee'이다.

우리는 이미 검찰이 수사권과 기소권 모두를 독점하는 막강한 권력으로 민주주의를 파괴와 국민인권을 유린하는 검찰독재의 폐단을 보았다. 그리고 기획재정부가 예산과 재정, 경제 모든 권한을 독점하는 세계 유례가 없는 막강한 권력으로 국회를 무시하고 민생을 짓밟는 폐단도 보았다.

그런데도 우리나라는 이러한 검찰과 기획재정부에 대한 제대로 된 견제장치가 없다. 이제는 검찰과 기획재정부를 제대로 개혁해야만 한다. **기획재정부의 최우선적 개혁은 정부조직법을 개정해 기획재정부의 예산권을 반드시 분리시켜 정부부처 내에서도 권력독점이 아닌 견제가 이뤄지도록 해야만 한다.** 이를 통해서만이 기획재정부의 권력 횡포를 막고 국민을 위한 〈예산민주화〉을 실현시킬 수 있다. 예산의 주인은 기재부가 아니라 국민이다.

03
대통령의 하수인 역할하는 감사원 개혁

• •

우리나라의 감사원은 헌법 97~100조에서 감사원의 지위와 조직, 권한을 규정하고 있다. 특히 헌법 97조는 '감사원은 대통령 소속으로 두며 회계검사와 직무 감찰을 주요 목적으로 한다'고 명시하고 있다.

헌법 97조(감사원)

「국가의 세입·세출의 결산, 국가 및 법률이 정한 단체의 회계검사와 행정기관 및 공무원의 직무에 관한 감찰을 하기 위하여 대통령 소속하에 감사원을 둔다」

감사원이 본래의 임무를 철저히 수행하기 위해서는 무엇보다 행정부나 권력으로부터의 독립성이 중요하다.

그래서 같은 대통령제인 미국에서는 감사원(GAO, Government Accountability Office)을 행정부가 아닌 의회 산하로 두어 백악관 직속 관리예산처(OMB)와 재무부(Department of Treasury)를 동시에 철저히 감시토록 하고 있다.

그리고 이러한 미 감사원(GAO)은 회계감사, 법정감사 및 특별조사 외에도 정부기관의 사업평가와 정부 회계기준 정립 등을 담당하며, 특히 관리예산처(OMB)가 예산 편성시 감사원(GAO)의 감사 결과나 가이드라인을 지키도록 함으로서 직접적인 개입을 통해 독단적인 예산편성을 못하도록 견제까지 하고 있다.

미 감사원(GAO)의 감사원장은 미국 연방 최고 회계책임자로서 의회 특별위원회 추천(3명)을 받아 대통령이 임명하며, 이에 대해 상원의 동의를 받도록 하고 있다.

우리나라 감사원과 미국 감사원의 역할은 영문 표기를 통해서도 차이가 있다는 것을 명확히 확인할 수 있다.

우리나라 감사원의 영문표기는 'THE Board of Audit and Inspection of KOREA'인데 Audit과 Inspection을 통해 알 수 있듯이 그 역할이 '회계검사'와 '감찰'로 한정되어 있다. 그리고 대통령 소속하에 있기 때문에 행정부 수반인 대통령에게만 업무의 책임성이 있다.

그러나 미국 감사원의 경우는 영문표기 'Government Accountability Office'에서 알 수 있듯이 의회 산하에 있기 때문에 대통령이 아닌 의회와 국민에 대해서 업무의 책임성이 있다. 즉 미 감사원의 목적은 의회와 국민에 대해 정부부처의 책무성을 확보토록 하는 것에 있다는 것이다. 이것이 미국 감사원(GAO)를 '정부책임처'라고 부르는 이유이다.

미 감사원, 일명 '정부책임처'

정부책임처는 의회를 지원하는 독립적이고 초당파적인 의회 소속 기관이다. 1921년 미 예산회계법에 의해 설립되었으며, 의회감시견(Congressional Watchdog)로 불린다.

GAO 초기 명칭은 회계감사원(General Accounting Office)으로 불리었으나, 2004년 현재의 정부책임처(Government Accountability Office)로 바뀌었다.

정부책임처는 '국민의 시각으로'란 모토로 연방정부가 국민에 대한 책무성을 확보토록 하는 책임성(Accountability), 전문적이고 객관적이며 초당파적인 업무수행을 위한 성실성(Integrity), 의회와 국민에게 신뢰받기 위한 신뢰성(Reliability)을 업무 수행을 위한 핵심 가치로 천명하고 있다.

미국의 경우는 감사원(GAO)의 독립성과 이해 충돌 방지를 위해 강력한 여러 제도적 장치를 마련하고 있다. 먼저 감사원장의 독립성을 보장하기 위해 임기를 15년(중임 금지)으로 함으로서 대통령 중임 임기(8년)보다 길게 하고 있으며 탄핵 또는 상하원 양원의 합동 결의에 의해서만 면직토록 하고 있다. 또한 감사원장의 청렴성과 퇴임 이후 이해 충돌 방지를 위해서 퇴직 시점의 보수와 동일한 연금을 평생 받을 수 있도록 까지 하고 있다.

뿐만 아니라 감사원(GAO)의 직원들의 경우도 이해충돌방지 및 독립성을 유지하기 위해 모든 직원들은 매년 보유주식을 공개해야 하고, 감사 업무를 수행하는 직원은 업무와 관련해 독립성을 유지하고 있다는 것을 매 2주마다 증명하도록 하여 매우 엄격하게 제도적 장치가 마련되어 있다.

그러나 헌법 97조에 의해 대통령 소속하에 있는 우리나라의 감사원은 독립성 부족뿐만 아니라 전문성 미흡과 제도상 한계로 제대로 역할을 못하고 있다. 이로 인해 관료 절대 권력의 상징인 기획재정부를 견제하는 역할을 실질적으로 거의 하지 못하고 있다.

따라서 **현재 대통령 소속 기구인 감사원을 국회로 이관하고 독립성 확보를 통한 기획재정부와 행정부처들에 대한 철저한 견제를 할 필요가 있다.**

기획재정부의 예산편성권 분리를 위한 개혁을 하기 위해서는 정부조직법을 개정하면 바로 충분히 가능하며, 현 대통령 소속의 감사원을 국회로 이관하기 위해서는 헌법을 개정해야 하는 사항이다.

참고로 헌법 개정은 국회 재적의원 과반수 또는 대통령 발의로 제안되며, 국회 재적의원 3분의 2 이상 찬성을 얻어 의결 후 국민투표에 다시 붙여진다. 그리고 국민투표는 국회의원 선거권자 과반수의 투표와 투표자 과반수의 찬성으로 통과되며, 이로서 헌법 개정은 확정되게 된다.

04
국가채무비율 적정 수준은 있는가?

국가채무는 한 시점에서 부족한 재정을 메우기 위해 미래의 재정 수입을 미리 당겨 사용하는 것을 의미하며, 이는 다음세대 들에게 재정 부담을 줄 수도 있다. 그러나 국가채무에 대한 무조건적인 부정적 견해는 잘못된 것이다.

본질은 국가가 빚을 내 확장재정 정책을 폈다면 이에 따른 재정 효과가 국가 경제와 민생 등에 제대로 나타났느냐 여부에 있는 것이다.

국가채무를 조달해 정부가 사업을 추진하면 국민에게 제공하는 서비스 제공 시점을 앞당기는 효과가 있다. 물론 국가채무 조달을 하지 않고 수년에 걸쳐 자연스럽게 세수입이 확보된 후에 정부가 사업을 추진한다면 이는 그만큼 국민에게 제공하는 서비스 시점이 늦어질 수밖에 없다.

기획재정부가 미래 세대에 재정 부담을 준다며 국가채무 조달을 통한 확장재정을 무조건적으로 반대만 한다면, 현 세대의 청년들은 더욱 어렵고 힘들 수밖에 없다. 미래 세대도 중요하지만 현 세대의 젊은 청년들도 매우 중요하다.

국가채무비율 자체가 중요한 것이 아니라 국가채무를 통해 지출한 예산이 얼마나 효과적이고 효율적인 결과를 가져왔느냐가 관건인 것이다. 즉 국가채무 조달을 통해 지출했던 예산이 채무에 대한 이자는 물론 원금 상환까지 모두 갚을 수 있는 그러한 결과를 가져 왔다면 이는 국가 경제적으로도 훨씬 바람직한 상황 이라는 것이다.

적정한 국가채무비율은 없다. 기획재정부가 재정 건전성 잣대로 늘 주장했던 국가채무비율 40%나 60%는 이론적으로나 실증적으로 아무런 객관적인 근거도 없다. 억지로 그 근거를 찾자면 30여 년 전인 1992년 유럽연합 조약에서 건전한 부채의 적정수준 최대치를 GDP의 60%로 정했다는 것과, 2010년대 초중반 신흥국들의 GDP 대비 국가채무비율이 평균 40%였다는 정도일 것이다. 당시 이를 지킨 유럽연합 국가도 거의 없었다.

기획재정부는 국가채무 증가 속도가 빠르고, 기축통화국이 아니기 때문에 확장재정을 반대하며 서민경제를 더 어렵게 하고 있다. 그러나 2022년 말 현재 우리나라 국가채무는 1,067조 원, GDP 대비 49.4%(2023년 예산 기준 국가채무 1,134조 원, GDP 대비 50.4%)로 비기축통화국 국가채무비율 평균 56.5% 보다 훨씬 낮아 건전하다. 그리고 외환보유액도 세계 9위 수준이다. 특히 무엇보다도 OECD 회원국 중 GDP 대비 정부 지출 비율은 38.1%로 우리나라가 최하위권이다.(국회예산정책처, 2023 대한민국 재정)

공공부채의 심각성을 지적한 세계적인 석학 자크 아탈리조차도 재정적자와 공공부채의 적절한 수준을 단언할 수 없으며, 채무의 적정 수준과 채무상환 능력 수준은 온전히 정치적 개념이라고까지 했다.

우리나라는 관료, 특히 기획재정부가 예산편성과 재정, 경제정책을 독점함으로서 많은 폐단이 발생하고 있다. 정권이 교체되어도 기재부에 의해 기계적이고 관행적인 예산편성이 대부분 그대로 이뤄진다. 그러다 보니 국민이 체감하기에 바뀐 것은 별로 없고 기획재정부는 여전히 막강하다.

이제는 기획재정부가 아닌 국민에 의해 선출된 정치 리더들이 예산과 재정 정책의 중심에 서야만 한다. 예산의 주인은 기재부가 아니라 국민이다.

05
재정준칙, 지금 꼭 필요한가?

．●

기획재정부는 국가채무비율 증가와 재정 건전성을 이유로 재정준칙 도입을 추진하고 있다. 재정준칙은 재정지출 규모를 총량적으로 제약하는 제도로서 악화된 재정 건전성을 회복하고자 위한 것이다. 즉 국가채무비율과 재정수지 적자비율의 상한선을 법에 규정해 이 범위 내에서만 총 재정지출이 이뤄지도록 하는 재정 사전 통제장치인 것이다.

이러한 **재정준칙은 총 재정지출 규모를 법에 규정된 상한선에 맞춰야만 하기 때문에 적자 재정지출을 원천적으로 차단시켜 악화된 재정 건전성을 개선시키는 장점이 있다.**

그러나 재정준칙 도입 시 발생되는 심각한 문제점들도 있다. 재정준칙은 재정지출 규모를 법에 의해 획일적으로 강제화시키기 때문에 충분한 논의 없이 도입된다면 정치적으로 큰 혼란을 발생시킬 수 있고 오히려 국가 정책의 신뢰성마저 무너뜨릴 수 있다.

또한 재정준칙은 코로나19 같은 비상 경제상황 시에 위기 대응을 위한 재정지출 유연성이 없기 때문에 경제 충격을 더 악화시킬 수 있다. 특히 재정준칙은 급변하는 4차 산업혁명시대에 선제적 재정투입으로 마중물 역할을 해야 하는 공공투자를 제약함으로서 잠재적 성장에 심각한 악영향을 줄 수도 있다.

이러한 이유로 재정준칙을 법률이 아닌 헌법에 규정함으로서 세계에서 가장 강력한 재정준칙을 가지고 있다는 독일조차도 2009년에 재정준칙을 도입했음에도 실제 적용 시점은 연방정부는 2016년, 주정부는 2020년으로 유보시키는 기나긴 경과규정을 두기까지 했다.

이미 앞에서 지적했듯이 우리나라는 국가채무비율 증가속도가 빠르고, 비기축 통화국이라 하더라도 재정 건전성이 당장 심각한 상황이 아니다. 그리고 지금은 우크라이나 전쟁, 국제 원자재 값 급등, 국제 정세의 불확실성 등으로 세계 경제 모두가 비상 상황이다. 이러한 때에 **탄력적인 재정 운영을 막기 위해 성급하게 재정준칙을 도입하는 것은 재정준칙 취지에 벗어날 뿐만 아니라 오히려 국가 경제를 발목 잡고 서민 경제를 더욱 어**

렵게 할 수 있다.

특히 기재부가 재정준칙에 GDP 대비 국가채무비율은 40~
60%대로, 관리재정수지는 -2~-3%로 규정하려 하고 있는데, 이
는 그 어떠한 과학적 이론적 근거도 없다. 따라서 재정준칙 도입
전에 국가채무비율과 관리재정수지 적자 비율을 몇 퍼센트로 규
정할 것인지 사회과학적 연구에 근거한 정치적 합의가 먼저 이
뤄져야만 할 것이다.

애덤 스미스가 말한 '채무가 없는 시장(유토피아)'은 없다. 채무
가 무조건 나쁜 것만은 아니다. 이자에 이자를 갚기 위해 빚을 내
는 악성채무가 있다면, 투입된 채무보다 더 많은 순자산을 늘려
주고 성과를 발생시켜 주는 착한채무도 있다.

지금은 재정준칙 도입보다 채무로 투입된 재정이 착한 채무 인
지 여부를 파악하는 제도 마련이 더 우선적으로 필요한 시점이
다. 이를 위해 기획재정부의 예산편성권 분리를 통한 예산 기획
대혁신이 필요하며, 국회 산하에 회계감사원(GAO)를 신설해 회
계감사는 물론 정부사업에 대한 철저한 평가와 결산 심사의 전
문성을 강화시킬 필요가 있다. **민생과 국가 경제를 살릴 착한채
무 마저 원천적으로 차단시키는 재정준칙 도입은 반드시 정치적,
사회적 논의가 선행되어야만 한다.**

재정준칙 도입하더라도 독립재정기구 역할 중요

〈헤럴드경제〉 2023.09.30

정부가 나라 살림 적자 규모를 관리하기 위해 이른바 '재정준칙'을 담은 국가재정법 개정안의 국회 통과를 추진하고 있지만, 여야 간 입장차로 지연되고 있다.

오는 10월 국회 국정감사에서도 이를 놓고 여야 간 설전이 예상되는 가운데, 제도를 도입하더라도 독립적인 재정기구를 운영하고 경제 상황에 따른 유연성을 확보하는 것이 중요하다는 지적이 나왔다.

~ 중략 ~

제21대 국회에서 발의된 재정준칙 도입 관련 주요 법률안은 채무준칙과 수지준칙을 함께 도입하는 내용이 다수로, 준칙의 유형 및 기준의 적정성, 예외 조항 도입 등이 주요 논의 사항이다. 대부분의 법률안에서 채무 한도는 GDP의 40~60% 수준, 수지 한도는 관리재정수지 기준으로 GDP의 △2% 또는 △3% 수준으로 규정하고 있다.

관리재정수지 한도의 적정성과 관련한 쟁점으로는 정부안에 따른 관리재정수지 한도(GDP 대비 △3%)의 경우 일반적인 경제 상황 하의 재정운용 결과를 반영한 것이라고 보기 어렵다는 점이다.

한국은 관리재정수지가 △3%에 달한 경우가 1997~1998 외환위기, 2008~2009 글로벌 금융위기, 2020 이후 코로나19 시기 등 경제위기 시로 국한된다. 이와 함께 경상성장률 하락, 인구구조 변화 등 경제·재정 여건 변화에 따른 재정 위험요인에 대비한 중장기적 재정의 지속가능성 확보 방안이 논의될 필요가 있다.

강지혜 국회 예산정책처 예산분석관은 "관리재정수지가 △3% 이내로 관리되더라도 경상성장률 등에 따라 국가채무 증가 규모와 속도가 달라질 수 있으므로 경제 여건 등을 종합적으로 감안해야 한다"고 지적했다. 현 GDP 대비 국가채무 비율이 49.4%(2022회계 연도 결산 기준)를 기준으로, GDP 대비 재정수지 적자 △3%, 경상성장률 3% 유지 가정 시 50년 후 국가채무비율은 91%에 이르나, 경상성장률이 5%로 유지될 경우 50년 후 국가채무 비율은 62% 수준에 머무는 것으로 나타났다.

재정준칙 도입 이후 준칙 이행을 점검·평가할 독립재정기구 역할을 논의할 필요가 있다. 국제통화기금(IMF)은 독립재정기구를 장기적 재정의 안전성과 단기 거시경제적 안정성을 포함한 정책 목표를 위해 정부의 재정 정책과 계획 및 성과를 공개적이며 독립적으로 평가하는 기관으로 정의하고 있다.

강 분석관은 "재정준칙 도입과 더불어 독립재정기구 설립 국가가 증가하는 추세"라며 "2021년 기준 49개국에서 51개의 독립재정기구를 설치·운영중이고, 독립재정기구 중 85%가 재정준칙 준수 여부 감독 기능을 수행하고 있다"고 설명했다.

이태형 기자 thlee@heraldcorp.com

| 2장 |

바람직한 재정이란
무엇인가?

01
재정의 의미

‘재정’은 한마디로 중앙정부나 지방정부의 ‘살림살이’를 말한다. 즉 재정이란 중앙정부나 지방정부의 세수입이나 세외수입 등 수입이 얼마나 되는지, 그리고 사회복지·교육·SOC(사회 간접자본) 등에 대한 지출은 얼마나 되는지 등 중앙정부나 지방정부의 전반적 살림살이를 포괄적으로 일컫는 말이다. 따라서 같은 의미를 ‘가계’의 경우는 ‘살림살이’, ‘기업’의 경우는 ‘재무’, ‘정부’의 경우는 ‘재정’으로 이라 불린다고 생각하면 쉽게 이해할 수 있을 것이다. 그리고 이러한 ‘재정’은 ‘예산’이라는 구체적인 활동들을 통해 집행된다.

02
왜 재정과 예산을 알아야만 하는가?

• •

중앙정부나 지방정부의 정책은 국민이나 주민의 생활 속에 밀접하게 파고들어 많은 영향을 미친다. 그런데 선거를 통해 정치적으로 탄생한 중앙정부나 지방정부가 제대로 된 정책을 펴는지를 파악하기 위해서는, 반드시 재정과 예산이 어떻게 돌아가고 있는지를 알아야만 한다. 왜냐하면 **정치는 정책에 의해 그 성공 여부가 좌우되고, 모든 정책은 결국 재정과 예산의 문제로 귀결되기 때문이다.**

결국 성공적인 중앙정부나 지방정부를 만들기 위해서는 유권자와 시민사회단체는 물론 **선출된 정치인도 반드시 재정과 예산을 직접 파악하고 평가할 줄 알아야한다.**

03
효과성과 효율성을 알아야 재정이 보인다

●●

　재정, 경제, 경영에서 가장 많이 쓰이는 주요 개념이 바로 '효과성'과 '효율성' 개념이다.

　'효과성'은 처음 의도한 목적이나 취지에 어느 정도 부합되는지를 말하는 것이다. 즉 목적이나 목표의 달성 정도를 말한다.

　'효율성'은 얼마를 투입해서 얼마를 산출했는가 하는 투입 대비 산출의 비율을 말한다. 효율성을 높이는 방법은 동일한 투입으로 더 많은 산출을 얻거나, 동일한 산출을 얻기 위해 투입을 줄임으로서 가능하다.

　효과성과 효율성의 분명한 이해를 위해 다음 사례를 통해 알아보자. 정부가 공공주택 부족 문제를 해결하기 위해 10만 호 건설을 하기로 결정했다고 하자. 10만 호를 건설하는데 소요되는 예산은 합리적인 원가에 의해 10조 원이 예상된다고 하자. 그렇다면 목표는 10만 호 건설이고, 투입은 10조 원이고 산출은 10만 호 공공주택이 되는 것이다.

그런데 정부는 계획한 대로 공공주택 10만 호를 모두 짓기는 하였으나, 실제로 투입된 예산은 당초 예상된 10조 원이 아닌 추가로 5조 원이나 더 투입된 총 15조 원이 소요되었다. 즉 정부는 공공주택 부족 문제를 해결하기 위한 10만 호 공공주택 건설 목표는 달성했지만, 실제 투입된 예산은 5조 원이나 더 들어 합리적인 예산을 초과했던 것이다.

그렇다면 결국 정부는 공공주택 10만 호 건설이라는 '효과성'은 달성했으나, 당초 합리적인 원가에 의한 예산보다 5조 원을 추가로 더 소요시킴으로서 '예산 효율성'은 달성하지 못한 것이다. 그리고 성과 평가 시 이러한 효과성과 효율성의 두 가지 결과가 모두 고려되어 반영되어야만 제대로 성과 평가가 이뤄졌다고 볼 수 있을 것이다.

04
바람직한 재정과 예산이란?

• •

바람직한 재정과 예산이 되기 위해서는 한정된 재정과 예산을 어디에 목적을 두고 우선적으로 먼저 배분할 것인지, 지출된 재정이 과연 합리적인 지출인지 명확히 따져 보아야 한다.

평범한 가정을 예로 들어보자. 매월 들어오는 수입은 500만 원으로 한정되어 있고 이 중 300만 원은 매월 필수 생활비로 지출된다. 나머지 200만 원으로 가족여행을 갈지, 아니면 새 차를 구입할지 가족이 함께 고민하고 있다고 가정하자.

이 가정은 다음 두 단계를 걸쳐 의사결정을 할 것이다. 먼저 200만 원을 가족여행에 지출할 것인지, 아니면 자동차를 새로 교체하는 데 지출할 것인지 우선순위를 정해야만 한다. 만약 자동차를 새로 교체하기로 결정했다면 그 다음 절차로는 여러 자동차들의 가격을 비교해 가장 합리적인 구입을 할 것이다.

바로 여기서 한정된 재원 200만 원을 어디에 쓸 것인지 결정하고 예산을 배분하는 것이 바로 예산의 효과성과 관련된 문제이다. 200만 원을 자동차 구입에 쓸 것인지, 가족여행에 쓸 것인지 목적이나 목표와 관련되기 때문이다. 다음 단계인 자동차 가격들을 비교해 합리적인 가격으로 지출하는 것은 예산의 효율성과 관련된다. 투입 대비 가장 좋은 산출을 얻기 위한 합리적인 지출과 관련되기 때문이다.

이처럼 일반 가정집의 경우도 실질적으로 재정과 예산의 효과성과 효율성의 개념을 활용해 자연스럽게 의사결정이 이뤄진다.

〈일반 가정 사례〉

일반 가정의 경우 매월 수입 500만 원으로 한정되어 있다고 가정

■ 수입 : 500만 원

■ 지출

– 필수 생활비 : 300만 원

– 나머지 200만 원 어디 사용?(집안 분위기/문화가 좌우)

가. 가족여행

나. 자동차 새로 구입

: 만약 자동차 구입을 하기로 최종 결정을 했다면 다음 단계는 가장 좋은 가격 조건(가성비)으로 구입하길 바랄 것임

▶ 위 사례를 통해 파악할 수 있는 개념

- 〈1단계〉 예산 효과성 : 예산 배분의 문제(자동차 구입 결정)

- 〈2단계〉 예산 효율성 : 합리적 원가 계산의 문제(자동차 구입결정을 했다면 다음 단계는 좋은 가격 조건(가성비)의 자동차 구입을 선택)

중앙정부나 지방정부의 경우도 재정과 예산의 기본적인 틀은 위 사례와 같다.

먼저 한정된 예산을 어디에 목적을 두고 우선적으로 배분할 것인가를 따져 보아야 하는데(효과성 문제), 이는 중앙정부나 지방정부의 선출된 정치인의 철학이나 가치관에 의해 크게 좌우된다.

즉 한정된 예산을 교육이나 복지에 최우선적으로 배분할 것인지, 아니면 토목 건설 등 SOC에 배분할 것인지 등은 중앙정부나

지방정부의 선출된 정치인의 철학이나 가치관에 현실적으로 크게 좌우될 수밖에 없다는 것이다. 이것이 선거에서 후보자의 정치적 성향이나 가치관을 잘 보고 뽑아야 하는 이유다.

다음으로 바람직한 재정이 되기 위해서는 지출된 예산이 과연 합리적인 지출인가를 따져 보아야 한다(효율성 문제). 만약 한정된 예산을 무상급식에 우선적으로 배분하기로 결정했다면 그 다음 단계는 무상급식을 위해 책정된 예산이 주먹구구식으로 계산된 것인지, 아니면 세금 낭비를 없애기 위해 합리적인 원가 계산에 의해 산출된 것인지 따져 보아야 한다.

이는 실질적으로 실무자에 의해 크게 좌우될 수밖에 없다. 이러한 이유로 공무원, 시민사회단체, 유권자 등도 예산과 원가의 개념 등 최소한의 공공재정이나 정부회계의 기본 지식을 알아야만 하는 것이다.

결국 바람직한 재정과 예산이란 한정된 예산을 어디에 목적을 두고 우선적으로 배분할 것인지(효과성), 그리고 책정된 예산이 과연 합리적인 원가 계산에 의해 산출된 것인지(효율성)와 관련된 문제다.

즉 한정된 예산을 지자체의 지속 가능한 발전과 시민 삶의 질 향상을 위해 우선적으로 배분하였는지(효과성), 그리고 책정된 예산금액이 합리적 원가 계산에 의해 세금 누수 없이 제대로 이뤄졌는지(효율성), 이 두가지 조건을 갖춘 예산을 말하는 것이다.

▶구미시 자치단체장이 과연 한정된 예산에도 불구하고 트램 사업 추진에 우선적으로 예산을 배분하는 것이 바람직한가(예산 효과성) 그리고 책정된 사업비 1조 6,000억 원은 과연 합리적인 원가인가(예산 효율성)를 고민하고 따져 보아야 한다. 여러분도 함께 고민해 보시길 바란다.

한 해 예산 1조 2,055억 구미시, 1조 6,000억 드는 트램 추진 논란

(중앙일보) 2018.12.18.일부생략

경북 구미시가 1조 6,000억 원 규모의 '트램(노면전차)' 도입을 추진하자, 시민단체가 반발하고 있다. 구미 경실련 측은 17일 성명을 통해 "구미시가 구미공단과 아파트 신도시 등에 트램 5개 노선을 짓기로 하고, 타당성 예비조사 예산 2억 원을 시의회에 요청했다. 트램 도입은 구미시를 재정 위기에 빠트리는 사업"이라고 주장했다. 트램 도입 사업은 구미시장의 공약이다. 임기 중 우선 1노선(봉곡동~구평동 16.2㎞)을 착공하겠다고 했다.

최근 구미시의회는 구미시가 요청한 타당성 예비조사 예산 2억 원 중 1억 5,000만 원을 통과시켰다. 구미시는 의회에서 "트램 건설비용이 1㎞당 1,500억 원인 지하철보다 6분의 1 수준으로 낮고, 건설비용의 60%는 국비 지원이 가능하다"고 설명했다.

이에 대해 구미 경실련 측은 "트램 5개 노선을 다 짓는데 드는 돈이 1조 6,000억 원, 연간 운영비도 491억 원이다. 42만 인구의 구미의 재정 상태에선 불가능한 사업이다. 구미시보다 재정 상태가 좋은 창원·광명·파주·안성·전주·김해시 역시 트램 도입을 검토했다가 재정 악화 우려로 중단했다"고 했다. 2019년 구미시 연간 예산은 1조 2,055억이다.

05
재정은 어떻게 구성되어 있는가?

● ●

중앙정부 재정구조

중앙정부의 재정은 일반회계, 특별회계, 기금으로 구성되어 있다. 일반회계는 소득세, 법인세, 부가가치세 등 국세수입과 세외수입을 재원으로 하며, 이를 경제, 복지, 교육, 국방 등 국가의 일반적 지출에 사용하는 회계를 말한다. 일반회계는 단일회계 1개뿐이다.

특별회계는 특정사업이나 특정자금 운영을 위해 특정한 세입으로 특정한 세출에 충당하기 위해 일반회계와 구분이 필요할 때 법률에 근거하여 설치하는 회계이다. 특별회계는 양곡관리특별회계, 우편사업특별회계, 국가균형발전특별회계 등 19개가 있다.

기금은 사회보험료, 부담금 등 특정자금을 운용하여 특정 목적

을 달성하기 위해 법률로 설치한 것이다. 기금은 예산원칙의 일반적 제약으로부터 벗어나 좀 더 탄력적으로 재정을 운용하기 위해 만든 것이다. 기금은 국민연금기금, 고용보험기금, 신용보증기금, 주택도시기금 등 67개가 있다.

예산이라 함은 통상적으로 일반회계와 특별회계만을 말하며, 기금을 포함하는 경우를 총재정이라 한다.

중앙정부 재정 구조

중앙정부 총재정=일반회계(1개)+특별회계(19개)+기금(67개)

=예산+기금

예산=일반회계+특별회계

총재정은 국가 재정 정책의 핵심 지표이다. 확장재정 정책은 총재정수입(=일반회계수입+특별회계수입+기금수입)을 초과해 총재정지출(=일반회계지출+특별회계지출+기금지출)을 하는 것을 말하며, 통상적으로 경기 침체의 경우 국가는 확장재정 정책을 펴게 된다.

이와 반대로 긴축재정 정책은 총재정수입보다 적게 총재정지출을 하는 경우를 말하며 경기 호황으로 인한 인플레이션이나 재정 건전성이 우려될 때 보통 긴축재정 정책을 편다.

지금 국가적으로 논란이 되고 있는 것은 확장재정 정책을 펼 경우 발생될 수 있는 재정 건전성 문제이다. 재정수입을 초과해 재정지출을 하려면 빚을 낼 수밖에 없으며, 결국 국가채무비율이 상승하기 때문이다.

정부에 있어서 채무는 미래 재정수입을 미리 당겨 사용하는 것을 의미하며, 이는 다음 세대에 재정부담을 줄 수도 있다. 그러나 채무에 대한 무조건적인 부정적 견해는 잘못된 것이다. 본질은 빚을 내 확장재정 정책을 폈다면 이에 따른 경제 상승 등 재정 효과가 제대로 나타났느냐 여부에 있는 것이다.

지방정부 재정 구조

지방정부의 재정은 일반적인 행정자치에 대한 일반재정과 교육자치에 대한 교육재정으로 나뉜다.

일반재정은 자치단체의 일반 행정자치 지원을 위한 재정으로서 자치단체장이 관장한다. 일반재정은 일반회계, 특별회계, 기금으로 구성되며, 기본적인 성격과 목적은 중앙정부와 유사하다. 지방정부의 특별회계와 기금은 법률과 조례에 따라 각 자치단체별로 다양하게 존재한다.

교육재정은 시·도 교육청의 교육자치 지원을 위한 재정으로서 시·도 교육청의 교육감이 관장한다. 교육재정은 일반재정과 구분하여 교육비특별회계로 별도 운영된다.

지방정부 재정 구조

지방정부 총재정 = 일반재정(자치단체장 관할) + 교육재정(시·도교육감 관할)

= (일반회계 + 특별회계 + 기금) + 교육비특별회계

= (예산 + 기금) + 교육비특별회계

〈조세부담률·국민부담률〉

1. 조세부담률

조세(=국세+지방세)를 명목 GDP로 나눈 비중으로 국민의 조세부담 정도를 측정하는 지표이다.

조세부담률 비교(단위:%)

구분	2017	2018	2019	2020	2021
한국	18.8	19.9	19.9	20.0	22.1
OECD평균	24.5	24.5	24.5	24.3	25.0

2. 국민부담률(=조세부담률+사회보장부담률)

조세와 4대 공적연금(국민연금, 공무원연금, 사학연금, 군인연금) 등 사회보장기여금을 합한 금액을 명목 GDP로 나눈 비중으로 포괄적 국민부담 수준을 측정하는 지표이다.

국민부담률 비교(단위:%)

구분	2017	2018	2019	2020	2021
한국	18.8	19.9	19.9	20.0	22.1
OECD평균	24.5	24.5	24.5	24.3	25.0

06
국가와 지방자치단체의 재정 및 예산 배분은 어떻게 파악하는가?

• •

국가의 재정 및 예산 배분은 어떻게 알 수 있는가?

대한민국의 재정과 예산 배분이 어떻게 이뤄지고 있는가를 파악하기 위해서는 국가재정운용계획서를 보면 바로 파악할 수 있다.

국가재정운용계획은 '국가재정법 제7조'에 의해 재정운용 효율성과 건전성을 제고하며,

단년도 예산편성의 한계를 극복하고 중장기적 관점에서 재정 배분 방향을 제시하기 위해 당해 회계연도를 포함한 5개 회계연도 단위의 재정 계획을 수립하는 것을 말한다.

이러한 국가재정 운용 계획은 다음연도 예산(안)과 기금운용계획(안)에 반영되며, 다음 회계연도 120일 전까지 예산(안)과 함께 국무회의를 거쳐 국회에 제출하도록 되어 있다. 국가재정운용계

획서는 기획재정부 홈페이지를 통해서도 매년 공개된다.

　다음의 분석표는 실제 2021~2025, 2022~2026, 2023~2027 각 3개 연도의 국가재정운용계획서를 비교 분석해 정리한 것이다. 이를 보면 2024년 대한민국의 국가재정 및 예산 배분이 어떻게 이뤄질지 쉽게 파악할 수 있다. 물론 정부가 국회에 제출하는 예산(안) 및 기금(안)의 최종 확정은 국회 심의와 의결을 통해 이뤄진다. 그러나 정부가 제시하는 '안'에서 크게 벗어날 수 없다. 우리 헌법 57조에서 국회는 정부의 동의 없이 정부가 제출한 지출예산의 금액을 증액할 수 없도록 규정하고 있기 때문이다.

　먼저 2024년 국가재정 총 지출액을 살펴보면 656.9조 원으로 역대 재정지출 증가율 중 가장 적은 2.8%이다. 그리고 정치적으로 논란이 되고 있는 R&D 재정 및 예산이 무려 16.6%나 감소했으며, 이에 반해 외교/통일 재정 및 예산은 19.5%나 증액되었다. 물론 2023년의 경우를 보면 산업/중소/에너지, SOC, 문화/체육/관광 분야에서 각각 17%, 10.7%, 5.4%씩을 감액했다.

　그런데 문제는 이처럼 재정 및 예산을 감액했던 R&D, 산업/중소/에너지, SOC, 문화/체육/관광이 모두 경제와 가장 민감한 분야들이라는 것이다. 이처럼 국제 및 국내 경제가 매우 좋지 않은

국가재정운용계획서상 국가재정 및 예산 배분 계획 비교 분석(단위 : 조원, %)

구분	2021년		2022년		2023년		2024년	
	금액	전년 대비 증감율	금액	전년 대비 증감율	금액	전년 대비 증감율	금액	전년 대비 증감율
총재정 및 예산 배정액(총지출액)	558.0	8.9	607.7	8.9	638.7	5.1	656.9	2.8
1. 보건/복지/고용	199.7	10.6	217.7	9.0	226.0	3.8	242.9	7.5
2. 교육	71.2	-2.0	84.2	18.2	96.3	14.4	89.7	-6.9
3. 문화/체육/관광	8.5	5.8	9.1	7.3	8.6	-5.4	8.7	1.5
4. R&D(연구개발)	10.6	17.8	11.9	12.4	12.2	2.6	12.6	2.5
5. 산업/중소기업/에너지	27.4	13.1	29.8	8.7	31.1	4.3	25.9	-16.6
6. SOC(사회간접자본)	28.6	20.8	31.3	9.3	26.0	-17.0	27.3	4.9
7. 농림/수산/식품	26.5	14.1	28.0	5.5	25.0	-10.7	26.1	4.6
8. 환경	22.7	5.3	23.7	4.5	24.4	2.9	25.4	4.1
9. 국방	52.8	5.4	54.6	3.4	57.0	4.4	59.6	4.5
10. 외교/통일	5.7	3.5	6.0	4.4	6.4	7.6	7.7	19.5
11. 공공질서/안전	22.3	7.0	22.3	0.1	22.9	2.7	24.3	6.1
12. 일반/지방행정	84.7	7.2	98.1	15.8	112.2	14.3	111.3	-0.8

상황에서 재정 건전성을 이유로 경제와 가장 민감한 분야들의 예산을 삭감하는 것은 오히려 경제를 더욱 어렵게 만들고 결국은 세수입 감소로 더욱 재정 건전성을 악화시킬수 있다.

"R&D 예산 왜 삭감됐나" 기재위 국감에서 다뤄질 주요 이슈는

10일부터 국세청 시작으로 기재위 국감 열려

[헤럴드경제] 2023.10.08

국회 기획재정위원회가 오는 10일 국세청을 시작으로 통계청, 관세청, 기획재정부 등을 대상으로 차례로 국정감사를 실시한다. 올해 기재위 국감에서는 '세수 펑크' 사태와 연구·개발(R&D) 예산 삭감, 통계청 통계 조작 논란 등이 집중적으로 논의될 전망이다.

8일 기재위에 따르면 기획재정부는 오는 19일 정부세종청사에서 경제·재정정책, 20일 국회에서 조세정책과 관련해 국정감사를 받는다. 올해 기재부 국감의 뜨거운 현안 중 하나는 역대 최대 규모의 세수 결손과 기금을 활용한 대응책이 될 것으로 전망된다.

기재부는 지난달 18일 발표한 세수 재추계 결과에서 올해 국세 수입을 기존 전망치보다 59조 1,000억 원 부족한 341조 4,000억 원으로 예상했다. 이전 예상보다 14.8% 덜 걷힌 규모로, 3년 연속 두 자릿수대 오차율을 기록하게 됐다. 정부는 대외 경제 여건이 악화해 법인세가 줄고 금리 인상에 따른 부동산 시장 침체 영향으로 양도소득세 등이 감소한 것이 오차가 발생한 주원인이라고 설명했다.

세금이 적게 걷히면서 정부의 적자 살림 규모도 더욱 커져 국가

재정 건전성을 두고도 공방이 이어질 것으로 보인다. 정부는 지난 8월 내년도 예산안을 발표하며 국내총생산(GDP) 대비 관리재정수지 적자 비율을 3.9%로 전망했다.

이는 정부가 법제화를 추진 중인 재정준칙 한도(3.0%)를 넘는 수준이다. 아직 재정준칙이 도입되지는 않아 실질적으로 어긴 것은 아니다. 하지만 정부가 추진하는 기준을 스스로 지키지 못했다는 점에서 비판은 피할 수 없을 것으로 보인다.

내년도 예산안에서 매년 증가해왔던 R&D 예산을 7조 원가량 깎은 데 대해 과학기술계와 야당의 반발이 이어지고 있어 국감에서도 도마 위에 오를 전망이다.

더불어민주당은 "R&D 예산은 국가 미래를 위한 투자"라며 예산 원상 회복을 위해 노력하겠다는 입장이다.

정부는 R&D 분야가 미래 먹거리와 직결되는 중요한 분야라는 점과 별개로 예산은 효율적으로 짜여야 한다는 원칙을 고수하고 있다. 추경호 부총리 겸 기획재정부 장관은 지난 5일 기자간담회에서 "정부 원안대로 예산안이 통과될 수 있도록 국회에 이해를 구하고 설명하는 노력이 우선"이라고 말했다. 비효율적으로 지출된 R&D 예산 등의 구체적인 사례를 조만간 공개하겠다는 뜻도 밝혔다. ~ 이하 생략 ~

손인규기자 ikson@heraldcorp.com

지방자치단체의 재정 및 예산 배분은 어떻게 알 수 있는가?

지방자치단체의 경우도 지방자치단체 예산편성 운영기준 〈별표 9〉 세출예산 기능별 분류에 따라 13개 분야 52개 부문으로 '기능별 세출예산서'를 작성하게 된다. 따라서 지방자치단체의 재정 및 예산 배분의 큰 틀을 파악하기 위해서는 지방자치단체가 작성하는 '기능별 세출예산서'를 분석해보면 된다. 지방자치단체의 기능별 세출예산서 구성항목은 중앙정부의 국가재정운용계획서상의 구성항목과 큰 차이가 없다.

이와 관련해 기본적인 내용은 '5장 세입세출예산서 이해하기'에서 다루며, 관련된 사례 분석은 '6장 자방자치단체 세입세출예산서 및 재정공시자료 분석 활용 사례'에서 자세히 다루니 그곳을 참고하면 된다.

■ 〈국가재정운용계획서〉 재정 배분 12개 항목

(1)보건·복지·고용 (2)교육 (3)문화·체육·관광 (4)환경 (5)R&D (6)산업·중소기업·에너지 (7)SOC (8)농림·수산·식품 (9)

국방 (10)외교·통일 (11)공공질서·안전 (12)일반·지방행정

■ **지방자치단체 〈기능별 세출예산서〉 재정 배분 13개 항목**

(1)일반공공행정 (2)공공질서 및 안전 (3)교육 (4)문화 및 관광

(5)환경 (6)사회복지 (7)보건 (8)농림해양수산 (9)산업·중소기업

및 에너지 (10)교통 및 물류 (11)국토 및 지역개발 (12)과학기술

(13)예비비(일반회계 1% 이내)

* 기타(공무원 인건비, 직무수행비 등 행정운영경비 포함)

07
재정 관련법에는 무엇이 있는가?

• •

국가재정 관련법

중앙정부의 재정 관련법은 다음과 같다. 먼저 '국가재정법'은 국가재정의 기본법으로 '재정총괄법'이며, 〈국가회계법〉은 국가재정법상 결산과 관련한 '결산총괄법'이다.

국가회계법은 2007년 제정되었으며 이에 따라 국가재정법상 현금주의·단식부기 방식의 세입세출결산보고서 외에도 별도로 발생주의·복식부기 방식의 결산재무제표를 작성하게 되었다. 국가회계에 관한 사항을 보다 구체적으로 규정하기 위해 국가회계법 시행령, 국가회계기준에 관한 규칙, 국가회계예규 등도 함께 시행하고 있다.

이 외에도 재정의 심의·의결과 관련한 국회법, 결산회계검사와 관련한 감사원법, 부담금과 관련한 부담금관리기본법, 국유재산이나 국가채권과 관련한 국유재산법·국유재산특례제한법·물품관리법·국고금관리법·국가채권관리법이 있다.

또한 보조금과 관련한 보조금관리에 관한 법률, 특별회계와 기금설치 관련 특별회계·기금설치 근거법, 임대형 민간투자사업(BTL)과 관련 사회기반시설에 대한 민간투자법, 공공기관의 재정과 관련한 공공기관의 운영에 관한 법률 등이 있다.

국가재정 관련법

1. 주요법

국가재정법, 국가회계법 및 시행령, 국가회계기준에 관한 규칙, 국가회계예규

2. 이 외 관련법

국회법, 감사원법, 부담금관리기본법, 국유재산법·국유재산특례제한법·물품관리법·국고금관리법·국가채권관리법, 보조금관리에관한법률, 특별회계·기금설치법, 사회기반시설에대한민간투자법, 공공기관운영에관한법률

지방재정 관련법

지방정부의 재정 관련법은 다음가 같다. 먼저 '지방재정법'은 지방자치단체의 '재정총괄법'이다. 국가회계법과 마찬가지로 '지방회계법'은 '결산총괄법'이며, 지방회계에 관한 사항을 보다 구체적으로 규정하기 위해 지방회계법 시행령, 지방자치단체회계기준에 관한 규칙, 지방자치단체 원가계산 준칙 등도 함께 시행하고 있다.

지방재정 관련법

지방재정법, 지방회계법 및 시행령, 지방자치단체회계기준에 관한 규칙, 지방자치단체 원가계산 준칙

3장

예산과 결산 이해하기

01
예산서와 결산서

• •

예산서

예산서란 한 해 동안 예상되는 세입과 세출에 대한 '사전 계획 서'이다. 따라서 국가나 지방자치단체의 예산서를 세입세출예산 서라고 부른다.

예산서

'예산서'란 예상되는 세입과 세출에 대한 '사전계획서'를 말한다 (세입세출예산서)

결산서

결산서란 한 해 동안 실제 발생된 세입과 세출에 대한 '실제내역서'이다. 따라서 국가나 지방자치단체의 결산서를 세입세출결산서라 부른다.

예산과 결산은 동전의 앞과 뒤와 같다. 따라서 세입세출예산서와 세입세출결산서도 동전의 앞과 뒤 같은 것이다.

다만 이러한 세입세출결산서 외에 지방자치단체의 경우는 2007년부터, 중앙정부의 경우는 2009년부터 복식부기·발생주의 회계방식에 의한 결산재무제표를 추가로 더 작성하고 있다.

추가로 결산재무제표를 작성하는 이유는 단식부기·현금주의에 작성되는 세입세출결산서가 자산·부채와 같은 재정 상태를 종합적으로 보여주지 못하고, 재정 성과를 왜곡시키는 한계점을 가지고 있기 때문에 정부 재정 혁신 차원에서 복식부기·발생주의 회계방식에 의한 결산재무제표를 작성토록 한 것이다. 참고로 우리나라의 경우는 아직까지 예산서 작성시는 복식부기·발생주의에 의한 예산(예상)재무제표 제도를 도입하지는 않았다.

〈결산서〉

'결산서'란 실제 발생된 세입과 세출에 대한 '실제내역서'를 말한다. (세입세출결산서, 결산재무제표)

〈중앙정부 및 지방정부 예산서와 결산서〉

중앙 및 지방정부 예산서	중앙 및 지방정부 결산서
1. 세입세출예산서	1. 세입세출결산서
: 단식부기/현금주의 회계방식	: 단식부기/현금주의 회계방식
* 예산(예상)재무제표(×)	2. 결산재무제표
	: 복식부기/발생주의 회계방식
* 예산재정공시자료	* 결산재정공시자료
: 세입세출예산에 대한 약식자료	: 세입세출결산에 대한 약식자료

수입·지출 / 세입·세출 / 수익·비용 차이점

현금의 유입과 유출이라는 관점에서 수입과 세입, 지출과 세출은 같은 개념이고 동일시 불려도 된다. 다만 정확하게는 '수입과 지출'은 회계학 용어이고, '세입과 세출'은 재정학 용어일 뿐이다.

또한 수입과 지출은 단식부기·현금주의 회계학 용어이고, 수익과 비용은 복식부기·발생주의 회계학 용어이다.

02
예산심사와 결산심사

●●

  예산심사란 예상되는 세입과 세출의 사전계획을 보여주는 예산서가 과연 효과적이고 효율적인 재정 운영을 위해 적절한 것인지를 검토하는 것이다. 결산심사란 예산서에 따라 한 해 동안 세입과 세출이 제대로 이뤄졌는지 그 실제내역서인 결산서를 검토하고 평가하는 것이다.

  중앙정부의 예산서는 회계연도 개시 120일 전(9월 3일)까지, 결산서는 다음 회계연도 5월 31일까지 국회에 제출해 심의·의결이 이뤄지도록 하고 있다.

  지방정부의 예산서는 광역자치단체인 시·도는 회계연도 시작 50일 전까지(11월 11일까지), 기초자치단체인 시·군 및 자치구는 회계연도 시작 40일 전까지(11월 21일까지) 지방의회에 제출하여야 한다.

지방정부의 결산서는 중앙정부와 마찬가지로 다음 회계연도 5월 31일까지 지방의회에 제출해야 한다.

03
중앙정부와 지방정부 예산편성 절차

• •

'예산편성'이란 다음 연도의 '세입세출예산안'을 작성하는 것을 말한다. 중앙정부의 경우는 세입세출예산안을 기획재정부가 총괄 주도하여 작성하며, 자치단체의 경우는 각 자치단체의 기획예산실국이 총괄 주도하여 작성한다.

중앙정부 예산편성 절차

대한민국 헌법 제54조는 "예산안의 편성권한은 정부에 있으며, 다만 국회는 이를 심의·확정한다"고 규정하고 있다. 또한 헌법 제57조는 "국회는 정부의 동의 없이 정부가 제출한 지출예산 각 항의 금액을 증액할 수 없다"고 규정하고 있다.

정부의 예산안 편성은 각 중앙관서의 장이 작성 제출한 예산요구서를 기초로 기획재정부장관이 총괄하여 수행한다.

중앙정부의 예산편성과정은 국가재정법 제2장 제2절 제28조~제41조(예산안의 편성)에 따라 다음과 같은 절차로 이뤄진다.

① 중기사업계획서 제출(매년 1월 31일까지)

- 각 중앙관서의 장은 매년 1월 31일까지 당해 회계연도부터 5회계연도 이상 기간 동안의 신규사업 및 주요 계속사업에 대한 중기사업계획서를 기획재정부에 제출해야 한다.

② 예산안 편성지침 통보(매년 3월 31일까지)

- 기획재정부장관은 국무회의 심의를 거쳐 대통령의 승인을 얻은 다음 연도의 예산안 편성지침을 매년 3월 31일까지 각 중앙관서의 장에게 통보하여야 한다.

③ 예산요구서 작성 및 제출(매년 5월 31일까지)

- 각 중앙관서의 장은 예산안 편성지침에 따라 그 소관에 속하는 다음연도의 세입세출예산·계속비·명시이월비·국고채무부담행위요구서를 작성하여 매년 5월 31일까지 기획재정부에 제출하여야 한다.

④ 예산안 편성(매년 6월~8월)

- 기획재정부 내부 조정, 관계 부처, 이해관계자 의견수렴 등

⑤ 예산안 확정(매년 8월 말)

- 국무회의 심의 및 대통령 승인

⑥ 정부예산안 편성 및 국회제출(매년 9월 3일까지)

- 기획재정부장관은 제출된 예산요구서를 토대로 예산안을 편성하여 국무회의 심의를 거친 후 대통령의 승인을 얻어 다음 회계연도 개시 120일 전(9월 3일)까지 국회에 제출하여야 한다.

⑦ 국회 심의·의결(매년 12월 2일까지)

- 12월 2일까지(회계연도 개시 30일 전까지)

지방정부 예산편성 절차

지방정부의 예산편성 절차는 지방자치법 제127조와 지방재정법 33조, 37조에 따라 다음과 같은 절차로 이뤄진다.

① 중기재정계획 수립(지방재정법 33조)

- 지방자치단체장은 지방재정을 계획성 있게 운용하기 위해 매년 다음 회계연도부터 5회계연도 이상의 기간에 대한 중기지방재정계획을 수립하여 이를 바탕으로 예산안을 작성한다. 이후 예산안과 함께 지방의회에 제출하고, 회계연도 개시 30일 전까지 행정안전부 장관에게 제출하여야 한다.

② 예산안 편성지침 통보(매년 7월 31일까지)
- 행정안전부 장관은 예산안 편성지침을 매년 7월 31일까지 각 자치단체에 통보하여야 한다.

③ 각 자치단체 예산(안)편성 : 9~11월
- 방침 시달(예산 담당부서) → 예산 요구(각 사업부서) → 조정(예산 담당부서)
- 중앙 각 부처 지방교부세 및 국고보조금 신청 가내시 : 9월 15일 까지

④ 예산(안) 지방의회 제출
- 광역 시·도 : 11월 11일까지(회계연도 개시 50일 전)
- 기초 시·군·자치구 : 11월 21일까지(회계연도 개시 40일 전)

⑤ 지방의회 심의·의결

- 시·도 : 12월 16일까지(회계연도개시 15일 전까지)

- 시·군·자치구 : 12월 21일까지(회계연도개시 10일 전까지)

4장

원가를 알아야
예산을 제대로 수립한다

01
예산은 원가계산이다

  • •

  원가(cost)란 목적 달성을 위해 투입된 경제적 자원을 말한다. 예산이란 예상되는 세입과 세출에 대한 사전계획이며, 이는 들어올 세입예산과 나갈 세출예산을 말한다.

  이 중 세출예산은 재정을 낭비 없이 합리적으로 잘 지출하느냐 하는 것이 관건인데, 이는 결국 지출할 세출예산이 정확한 원가계산을 통해 잘 산출되었느냐 하는 문제다.

  정부나 공공부문에서 원가공개가 늘 이슈가 되는 이유는 원가를 투명하게 공개해 조금이라도 낭비성 세출예산을 줄이고자 하기 때문이다.

  '세출예산'은 결국 '원가계산'의 문제다. 원가를 정확하게 계산하지 않은 세출예산은 주먹구구식의 예산이 될 수밖에 없으며, 국민 혈세인 세금을 낭비하게 되어 재정효율성을 심각하게 해친다. 이것이 원가개념을 반드시 알아야만 하는 이유다.

세출예산과 원가 관계

1. 예산은 들어올 세입예산과 나갈 세출예산을 말함

2. '세출예산' = '원가계산'

02
원가의 구분

• •

원가는 관점에 따라 여러 가지로 구분되어 활용될 수 있다. **먼저 원가는 국민이나 주민에게 제공하는 행정서비스가 증가할수록 이에 비례해서 원가가 늘어나는 '변동원가'와 이와 무관하게 변치 않고 고정되어 있는 '고정원가'로 구분할 수 있다.**

또한 원가는 행정서비스를 제공함에 있어서 투입된 원가가 얼마인지 직접적으로 확인 및 식별이 가능한 '직접원가'와 확인 및 식별이 쉽지 않은 '간접원가'로도 나뉠 수 있다. 더 구체적인 이해는 다음의 예산편성과 원가 활용을 통해 알아보자.

원가의 구분

1. 변동원가·고정원가 : 제공하는 행정서비스에 비례하여 원가가 변동하는지 여부에 따른 구분
2. 직접원가·간접원가 : 투입된 원가를 직접적으로 확인 및 식별 가능한지 여부에 따른 구분

03
예산편성과 원가 활용

• •

변동원가와 고정원가 활용

변동원가는 국민이나 주민들에게 제공하는 행정서비스가 증감함에 따라 비례해 변동하는 원가를 말한다. 고정원가는 행정서비스 증감과 무관하게 고정되어 발생하는 원가를 말한다. 다음 사례를 통해 변동원가와 고정원가를 예산 편성 시 어떻게 활용하며 또 재정 운영에 있어서 개념 이해가 왜 중요한지를 반드시 이해해야 한다.

행복 지방자치단체의 100명 독거노인에 대한 복지 예산으로 올해 12억 원의 예산이 소요되었는데 내년은 독거노인이 20명 더 증가해 120명이 예상된다고 했을 때 이에 대한 내년 세출예산을 수립해보자. 단, 독거노인 1인당 변동원가는 1천만 원이고,

고정원가는 2억 원이다.

만약 변동원가와 고정원가 개념을 알지 못하고 관례적으로 예산을 세운다면 독거노인이 올해 100명에서 내년은 120명으로 20% 증가했기 때문에 올해 총예산액 12억 원에서 20% 증가한 14억 4천만 원을 내년 세출예산으로 책정할 것이다.

변동원가와 고정원가를 구분하지 않은 경우 내년 세출예산

12억 원(올해 예산)×120%(내년 증가분 반영)=14억 4천만 원

그러나 변동원가와 고정원가 개념을 적용해 계산한 내년 세출예산 금액은 이와 매우 달라진다.

먼저 올해 예산 12억 원에 대해 분석해 보면 독거노인 100명에 대해 제공하는 행정서비스에 따라 발생한 변동원가가 10억 원, 독거노인 수와 무관하게 고정되어 발생하는 고정원가가 2억 원으로 세출예산 12억 원이 된 것이다.

변동원가와 고정원가를 구분한 올해 세출예산 분석

1. 변동원가 = 1천만 원 × 100명 = 10억 원

2. 고정원가 = 2억 원

3. 세출예산(1+2) = 변동원가 + 고정원가 = 10억 원 + 2억 원

   = 12억 원

　내년 예산은, 독거노인 수가 120명이 된다고 했으니 이에 비례해 증가하는 변동원가만 20% 증가한 12억 원이 되고, 고정원가는 행정서비스 증감과 관계없이 고정된 원가이기 때문에 그대로 2억 원이 된다. 따라서 내년 세출예산은 14억 원이 된다.

변동원가와 고정원가를 구분한 경우 내년 세출예산

1. 변동원가 = 1천만 원 × 120명 = 12억 원

2. 고정원가 = 2억 원

3. 세출예산(1+2) = 변동원가 + 고정원가 = 12억 원 + 2억 원

   = 14억 원

결국 변동원가와 고정원가를 구분하지 않고 세출예산을 책정할 경우는 구분할 경우에 비해 4천만 원이나 과다지출되며 그만큼 국민의 혈세가 낭비되는 것이다.

세출예산 과다책정으로 인한 세금 낭비 액

1. 변동원가와 고정원가를 구분하지 않는 경우 내년 지출예산
   = 14억 4천만 원
2. 변동원가와 고정원가를 구분한 경우 내년 지출예산 = 14억 원
3. 내년 세출예산 과다책정액 = 4천만 원(1-2)

대부분의 예산 부풀리기는 원가 부풀리기를 통해 이뤄진다. 아직도 중앙정부와 많은 지방자치단체에서는 변동원가와 고정원가 개념을 바탕으로 합리적인 세출예산을 책정하는 것이 아니라, 대부분 전년대비 관례적 증가율로 예산을 책정하고 있다.

따라서 재정 운영의 효율성을 높이고 예산 낭비를 막기 위해서라도 변동원가와 고정원가의 개념을 반드시 이해해야만 한다.

직접원가와 간접원가 활용

직접원가는 지방정부가 행정서비스를 제공함에 있어 투입된 원가를 직접적으로 확인 및 식별이 가능한 원가를 말한다. 이에 반해 간접원가는 투입된 원가에 대해 직접적으로 확인이나 식별이 쉽지 않은 원가를 말한다.

직접원가와 간접원가 개념은 사업타당성, 수익자 부담금(요금 설정 등), 외부용역 여부, 성과 평가 등과 관련된 의사결정에 매우 유익하게 활용된다. 다음 사례를 통해 직접원가와 간접원가의 개념 및 활용을 이해해 보자.

행복 지방자치단체가 재정수익 증대 방안으로 새롭게 지역관광사업 추진을 고민하고 있다. 이를 위해 담당자에게 사업타당성 분석보고서를 작성토록 요청했다.

다음과 같이 작성된 사업타당성 분석보고서에 의하면 연간 예상되는 수익은 1억 5천만 원, 비용은 1억 원, 순수익은 5천만 원이었다. 그렇다면 보고서 결과에 따라 행복 지방자치단체는 연간 5천만 원의 순수익이 예상되어 동 지역관광사업을 추진해야 한다.

지역관광사업 사업타당성 분석보고서

1. 연간 예상수익		1억 5천만 원
가. 입장료 수익	1억 2천만 원	
나. 기념품 판매수익	3천만 원	
2. 연간 예상비용	·	1억원
가. 현장요원 인건비	5천만 원	
나. 시설설치비	3천만 원	
다. 기념품제작비	2천만 원	
3. 연간 예상 순수익(1-2)		5천만 원

그런데 보고서 작성 담당자가 예상비용을 계산함에 있어서 현장요원 인건비, 시설설치비, 기념품제작비와 같이 직접적으로 예산지출 확인이 가능한 직접원가만 포함시키고 그 외에는 예산지출이 없다며 간접원가를 전혀 고려하지 않았다.

만약 동 사업추진과 관련해 예산지출은 없지만 행정지원을 위해 4명의 공무원이 매일 총 근무 8시간 중 4시간씩 투입이 필요하다고 하자. (공무원 1명당 연간 인건비 3천만 원)

그렇다면 이에 대한 간접원가를 계산해 추가해야만 한다. 행정

공무원 4명에 대한 1년 총인건비는 1억 2천만 원인데 이중 매일 절반을 동 사업 지원을 위해 투입해야 한다면 이에 대한 간접지원 인건비는 6천만 원이 된다.(행정공무원 간접지원 인건비 = 4명×3천만 원×(4시간÷8시간) = 6천만 원)

그렇다면 예산지출이 직접 확인 가능한 직접원가뿐만 아니라 예산지출은 없지만 간접적으로 소요되는 원가까지 추가로 비용에 포함시키면 직접원가 1억 원, 간접원가 6천만 원으로 연간 예상비용은 총 1억 6천만 원이 된다.

이 경우 사업타당성 분석결과는 예상수익 1억 5천만 원, 예상비용은 1억 6천만 원이 되어 오히려 매년 순손실 1천만 원의 사업적자가 예상되기 때문에 동 사업 추진은 제고되어야만 하는 것이다.

간접원가가 고려된 지역관광사업 사업타당성 분석보고서

1. 연간 예상수익   1억 5천만 원

   가. 입장료 수익   1억 2천만 원

   나. 기념품 판매수익   3천만 원

2. 연간 예상비용   1억 6천만 원

    ① 직접원가   1억 원

가. 현장요원 인건비	5천만 원	
나. 시설설치비	3천만 원	
다. 기념품제작비	2천만 원	
② 간접원가		6천만 원
가. 행정공무원 간접지원 인건비	6천만 원	
3. 연간 예상 순손실(1-2)		– 1천만 원

　이처럼 만약 간접원가를 고려하지 않은 채 사업을 추진했다면 동 지역관광사업 수익이 부당하게 과대평가 되었을 것이며, 이로 인해 담당자는 부당하게 유리한 성과 평가를 받았을 것이다. 그러나 간접원가를 추가로 고려했을 때에는 의사결정 자체가 달라질 수 있다.

　따라서 원가계산을 제대로 위해서는 직접원가뿐만 아니라 간접원가까지 모두 고려해야 한다. 그러지 않으면 재정수익 증대를 위한 신규 사업 추진이 오히려 투자원금도 회수 못한 채 지속적으로 재정을 더욱 악화시키기만 할 것이다.

04
원가와 비용편익분석

• •

　비용편익분석(cost benefit analysis, B/C분석)은 공공부문에서 사용하는 가장 보편적인 투자의사결정 방법이다. 투자를 하였을 때 얻는 사회편익(Social Benefit)과, 발생되는 사회비용(Social Cost)을 비교해 투자 여부를 결정하는 방법이다.

　그런데 사회비용(Social Cost)은 사회원가가 정확한 표현이다. 그렇다면 비용편익분석을 원가와 함께 여기서 다루는 이유를 직감적으로 알 수 있을 것이다. 다만 사회원가보다 사회비용이란 말이 이미 일반화되어 사용되고 있기 때문에 여기서도 사회비용이란 용어를 사용하겠다.

　비용편익분석의 기본 개념은 사회편익이 사회비용보다 크다면 투자한다는 것이다. 즉 사회편익을 사회비용으로 나눈 값이 1보다 크다면 투자를 하는데, 다만 사회편익과 사회비용의 발생 시점이 서로 시차가 다를 수 있기 때문에 이를 모두 현재 시점의 가치로 할인한 후 비교 평가해 의사결정을 한다.

비용편익분석 투자 결정 기준

(사회편익 현재 가치 ÷ 사회비용 현재 가치) 〉 1 → 투자 결정

그런데 문제는 투자를 위해 비용편익분석을 계산할 때 사회편익과 사회비용을 얼마든지 과대 혹은 과소 계상시켜 결과를 조작할 수도 있다는 것이다.

일례로 신규 도로를 건설하기로 내부적으로 이미 확정해 놓고 형식 요건으로 비용편익분석을 실시한다면, 도로건설시 얻게 되는 수익이나 편익은 실제보다 더 높게 계상해 사회편익은 과대 계상하고, 보상비나 환경파괴비용 등 사회비용(사회원가)은 과소 계상 함으로서 결과를 얼마든지 조작할 수 있다는 것이다. 이처럼 일반적으로 투자 개발을 강행하기 위해 사회편익은 과대시키고 사회비용(사회원가)는 과소시키는 경향이 많다.

따라서 공공부분에서 비용편익분석을 할 때 사회편익은 최대한 보수적으로 적게 하고, 사회비용은 최대한 모든 것을 반영시키는 것이 원칙적인 관점이라 할 수 있다.

비용편익분석에서 핵심은 사회편익과 사회비용(사회원가)에 각각 어떤 항목을 포함시켰는지, 그리고 현재가치 계산을 위해 어떤 할인율을 사용했는지 그 상세 내역을 반드시 검토해 보아야만 한다.

비용편익 분석 시 체크할 핵심사항

1. 사회편익에 어떤 항목들이 포함되었는가?
2. 사회비용(사회원가)에 어떤 항목들이 포함되었는가?
3. 어떤 할인율을 사용했는가?

할인율 개념

할인율은 공공부문에 투자하지 않고 다른 곳에 투자했을시 얻을 수 있는 예상 기대수익률로서 일종의 기회비용(opportunity cost) 개념이다. 보통 비용편익분석 계산시 사용되는 할인율은 정기예금 이자율이나 국공채 이자율이 많이 사용된다.

특히 사회비용(사회원가)에는 직접적인 발생으로 식별 가능한 직접원가뿐만 아니라 사후 환경파괴 등으로 간접적으로 발생될 수 있는 간접원가까지도 최대한 고려되었는지 확인해야 한다.

05
예비타당성조사

••

개념

예비타당성 조사는 국가재정법 제38조에 따라 대규모 개발사업의 적정 투자시기, 재원 조달 방법 등에 대한 사전 타당성 검증을 통해 사업 추진 여부를 투명하고 공정하게 결정함으로써 예산 낭비를 방지하고 재정 운영의 효율성을 제고하기 위한 제도이다.

예비타당성조사 대상사업과 면제사업

예비타당성조사 대상사업

예비타당성조사 대상사업(국가재정법 제38조 제1항)은 (가)총사업비가 500억 원 이상이고 국가의 재정지원규모가 300억 원 이상인 건설공사가 포함된 사업, 정보화 사업, 국가연구개발사업

(나)중기사업계획서에 의한 재정지출이 500억 원 이상 수반되는 사회복지, 보건, 교육, 노동, 문화 및 관광, 환경보호, 농림해양수산, 산업·중소기업 분야의 사업이 해당된다.

예비타당성조사 면제사업

예비타당성조사 면제사업(국가재정법 제38조 제2항)은 다음과 같은 10개 사업 유형으로 규정되어 있다.

(가)공공청사, 교정시설, 초·중·고등 교육시설의 신·증축사업 (나)문화재 복원사업 (다)국가안보에 관계되거나 보안을 요하는 국방 관련 사업 (라)남북교류협력에 관계되거나 국가 간 협약조약에 따라 추진하는 사업 (마)도로 유지 보수, 노후 상수도 개량 등 기존 시설의 효용 증진을 위한 단순 개량 및 유지·보수 사업 (바)재난복구지원, 시설 안전성 확보, 보건·식품 안전 문제 등으로 시급한 추진이 필요한 사업 (사)재난 예방을 위해 시급한 추진이 필요한 사업으로서 국회상임위 동의사업 (아)법령에 따라 추진해야 하는 사업 (자)출연보조기관 인건비 및 경상비 지원, 융자사업 등과 같이 예비타당성조사 실익 없는 사업 (차)지역균형발전, 긴급한 경제·사회적 상황 대응 등을 위해 국가 정책적으로 추진이 필요한 다음 요건을 모두 갖춘 사업(사업 목적·규모, 추진 방안 등 구체적 사업계획이 수립된 사업 + 국가 정책적으로 추진이 필요해 국무회의를 거쳐 확정된 사

업), 단 종전에 예비타당성조사를 통과하지 못한 사업은 연계사업의 시행, 주변 지역의 개발 등으로 해당 사업과 관련한 경제사회 여건이 변동하였거나, 사업을 재기획한 경우에 한정함.

다만, 국가재정법 제38조 제4항에서는 국회가 의결로 요구하는 사업에 대해서 예비타당성 조사를 실시하도록 규정하고 있어, 면제사업이라고 할지라도 예산안 심사과정에서 타당성에 대해 조사가 필요하다고 판단될 경우 국회가 의결을 통해 타당성조사를 요구할 수 있다.

예비타당성조사 실시 절차

예비타당성조사 대상사업은 기획재정부장관이 중앙관서장의 신청에 의하거나 직권으로 선정할 수 있다. 중앙관서장의 예비타당성조사 요구서가 제출되면 기획재정부장관은 재정사업평가위원회 심의를 거쳐 대상사업을 선정한다.

예비타당성조사는 경제성분석, 정책성분석, 지역균형발전분석을 수행한 후, 각 분석 결과를 토대로 다기준 분석의 일종인 계층화 분석(Analytic Hierarchy Process, AHP) 기법을 활용하여 종합적인 결론을 내린다. 다만 정보화사업의 경우는 지역균형발전분석 대

신 기술성 분석을, 국가연구개발사업(R&D)의 경우는 과학기술적 타당성 분석을 하도록 했다. '종합평가'는 계층화 분석 결과 값이 0.5 이상이면 사업시행이 바람직하다는 의미이다.

'경제성분석'은 비용편익분석을 말하며 B/C 비율이 1이상이면 경제성이 있다는 것이며, 예비타당성조사에서 실질적으로 가장 중요한 분석이다.

'정책적분석'은 경제성분석에 포함되지 않은 그 외 중요한 사업특수 평가항목, 환경영향 등을 평가하며, '지역균형발전분석'은 지역간 형평성 제고를 위한 지역낙후도 개선 등을 분석한다. 또한 정보화사업의 '기술성분석'은 업무요구 부합성, 적용기술 적합성 등을 분석하며, 국가연구개발사업의 '과학기술적 타당성 분석'은 개발계획 적절성, 개발 성공 가능성, 사업 중복성 등을 분석한다.

예비타당성조사 수행기관

예비타당성조사는 일반적인 대규모 개발사업은 기획재정부 장관의 요청에 의해 한국개발연구원(KDI)의 공공투자관리센터(PIMAC)와 한국조세재정연구원(KIPF)에서 수행하며, 국가연구개 발사업은 과학기술정보통신부장관의 요청에 의해 한국과학기술 기획평가원(KISTEP)과 과학기술정책연구원(STEPI)에서 수행한다.

언론기사 '교통량 예상치는 왜 항상 뻥튀기 될까요?'

고속도로처럼 엄청난 돈이 들어가는 교통 투자 사업에 국민의 혈세가 줄줄이 새어 나간다는 비판이 꾸준히 제기되고 있습니다. 건설 전 교통량에 대한 예측치가 건설 후 실제 교통량에 크게 미치지 못하기 때문입니다.

대규모 교통시설은 건설에 필요한 비용과 건설 후 발생하는 편익(便益·사업 효과)을 비교해 사업 진행 여부를 결정합니다. 그런데 교통량을 실제보다 많을 것으로 예측하면, 우선순위가 낮거나 굳이 하지 않아도 되는 사업, 심지어 해서는 안 될 사업까지 추진하는 경우가 발생합니다. 이 경우 세금과 사회적 자원을 낭비할 수 있습니다.

인천공항고속도로, 천안-논산 간 고속도로처럼 민간 자본으로 건설된 시설의 수익이 예상에 못 미치면 정부가 손실을 보전해주는 '최소운영수입보장조건'이 있는 민간투자 사업의 경우, 실제 교통량이 예측치에 크게 미달해 2015년까지 정부가 총 9,700억 원을 민간투자 사업자에게 지급했습니다. 2012년 개통된 의정부 경전철은 교통량 부족으로 지난 6월 말 파산 선고를 받았습니다.

과다 교통량 예측으로 인한 문제는 비단 우리나라에서만 일어나는 것은 아닙니다. 미국 스탠더드앤드푸어스(S&P)의 2004년 보고서에 따르면, 전 세계 68개 유료 도로의 예측 교통량이 실제 교통량보다 20~30% 많게 예측됐다고 합니다.

옥스퍼드대학의 플뤼베아르 교수도 전 세계에서 수행된 대규모 210개 교통시설 투자의 교통량 예측치와 실적치를 비교한 결과, 철도 사업의 85%, 도로 사업의 50%가 예측치와 실적치가 20% 이상 벌어졌다고 합니다. 영국과 프랑스를 잇는 영불(英佛) 터널(Channel Tunnel)은 개통 5년 후 이용 승객 수가 예측치의 45%, 화물 교통량이 40%에 그쳤고, 영국 동부 해안에 있는 험버(Humber) 대교는 개통 후 16년이 지나도 실제 교통량이 예측치의 50%에 머물렀습니다.

교통량을 과다 예측하는 것을 바로잡기 위해 우리나라는 1999년 대규모 교통사업에 대한 예비타당성조사를 도입했습니다. 이해 당사자가 사업 추진 여부를 판단하던 기존의 타당성 평가에서 신뢰할 수 있는 독립된 기관이 평가하는 방식으로 전환한 것입니다. 그 결과, 과거 예비타당성조사를 수행하지 않은 도로 사업의 경우 교통량이 약 42% 과다 예측된 것으로 분석되지만, 예비타당성조사를 수행해 추진한 사업의 도로 교통량은 약 15% 과다 예측에 머문 것으로 분석됐습니다. 도시철도 사업도 예비타당성조사를 수행하지 않고 추진한 사업은 약 72% 교통량이 과다 예측된 것으로 분석됐으나, 수행한 도시철도 사업은 약 17% 과다 예측에 그쳐 오차가 감소했습니다.

예비타당성조사를 통해 교통량을 과다하게 예측하는 편향성이 감소한 사실은 제도 개선을 통해 효율적인 교통 투자 사업 추진이 가능해졌음을 방증합니다. 교통량 과다 예측을 벗어나려면 조사 방법과 기초 자료의 신뢰 향상도 중요하지만, 교통량 예측을 객관적으로 수행할 수 있는 환경 개선이 더욱 중요함을 보여주고 있습니다. (조선경제 2017.12.4.)

5장

세입세출예산서와
결산재무제표 이해하기

01
가계부와 재정보고서

● ●

　지방자치단체의 재정 살림을 한눈에 압축해 보여주는 것이 '재정보고서'다. 일반적으로 재정보고서 하면 아주 거창한 것인 줄 안다. 그러나 개인이 작성하는 용돈기입장이나 가정에서 작성하는 가계부도 개인이나 가정 입장에서 보면 모두 재정보고서다.

　재정보고서는 중앙정부나 지방정부, 영리기업이나 비영리단체 등 모든 조직에서 공식 또는 비공식적으로 작성하고 있다. 따라서 **지방자치단체의 살림을 파악하기 위해서는 지방자치단체의 재정보고서를 반드시 이해해야만 한다.**

　가계부는 일반 가정에서 수입이 얼마이고 지출된 돈이 얼마인가를 기록하는 가계의 수입·지출 재정보고서다. 마찬가지로 지방자치단체도 매년 들어온 수입이 얼마이고, 나간 지출이 얼마나 되는지 재정보고서를 작성한다. 지방자치단체의 대표적인 재정보고서가 바로 세입세출예산서와 세입세출결산서, 결산재무제표다.

재정보고서

1. 일반 개인 재정보고서 : 용돈기입장

2. 일반 가정 재정보고서 : 가계부

3. 지방자치단체 재정보고서 : 세입세출예산서, 세입세출결산서,

결산재무제표

　　재정보고서는 재정의 언어인 '회계'에 의해 작성된다. 지방자치단체의 행정활동 등 모든 활동이 회계라는 언어를 통해 재정보고서에 반영되어 나타나는 것이다.

　　마찬가지로 기업도 올해 성공적인 경영 활동을 했는지 여부는 회계라는 언어를 통해 재무제표에 반영된 매출액이나 순이익 등을 통해서 파악할 수 있다.

　　따라서 지방재정 살림을 파악하기 위해서는 회계에 의해 작성된 지방자치단체의 세입세출예결산서, 결산재무제표를 기본적으로 이해해야만 한다.

'회계'란 무엇이며, 왜 중요한가?

'회계'란 한마디로 경제, 경영, 재정의 언어이다. 정부조직의 활동들이 회계라는 언어를 통해 재정보고서에 반영되어 그 결과가 구체적으로 보여진다.

국민이나 주민은 회계에 의해 작성된 재정보고서를 통해 중앙정부와 지방정부의 '재정책임성'과 '재정부담 형평성'을 평가할 수 있다.

'재정책임성'이란 세금을 어디에 어떻게 사용해 어떤 결과를 얻었는지, 결과는 효과적이고 효율적으로 달성되었는지를 국민이나 주민에게 재정보고서를 통해 보고하는 책임을 말한다.

또한 '재정부담 형평성'이란 현 회계연도나 현 세대가 재정상 누리는 혜택이 다음 회계연도나 다음 세대에 얼마나 부담이 될지를 보여주는 것이다. 국민연금이나 국가부채는 모두 재정부담 형평성과 관련된 문제이다. 현 세대가 납부한 보험료보다 지급받는 보험급여액이 훨씬 더 많다면 이는 다음 세대가 부실화된 국민연금을 정상화하기 위해 엄청난 재정을 부담해야 한다는 것을 의미한다.

결국 국민이나 주민은 중앙정부와 지방정부가 회계를 통해 작성한 재정보고서를 보고 자신이 낸 세금이 얼마나 효과적이고 효율적으로 공공의 목적이 달성되었는지 재정책임을 평가하고, 또 얼마나 균형예산이나 세대 간의 재정부담 형평성을 고려하여 이뤄졌는지를 파악할 수 있는 것이다.

02
지방자치단체 현금 흐름

　　지방자치단체의 살림을 이해하기 위해서는 먼저 지방자치단체의 현금수입과 현금지출이 기본적으로 어떻게 이뤄지고 있느냐 하는 돈의 흐름을 이해해야만 한다. 그리고 이러한 현금수입과 현금지출 프레임에 의해 작성된 지방자치단체 재정보고서가 바로 세입세출예산서와 세입세출결산서다.

　　따라서 지방자치단체의 현금수입과 현금지출 프레임을 이해하는 것은 지방자치단체의 세입과 세출이 어떻게 이루어지는지 쉽게 파악할 수 있게 해준다.

　　지방자치단체의 현금수입은 크게 3가지로 구분할 수 있다. 먼저 지방자치단체가 독자적으로 벌어들이는 세수입이나 세외수입과 같은 자체조달수입이 있다. 다음으로는 중앙정부 및 광역지방자치단체로부터 지원받는 지방교부세, 국고보조금, 시·도비 보조금, 시·도조정교부금 등 정부지원수입이 있다. 그리고 이 외에 재원 부족 시 채무 조달을 통한 현금수입이 있다.

지방자치단체의 현금지출도 크게 3가지로 구분할 수 있다. 먼저 지방자치단체의 기본적인 운영을 위한 인건비·운영비 등 일반적 지출이 있다. 다음으로는 지방자치단체의 고유목적활동인 교육·복지, SOC 등 지출이 있으며, 다음으로 재원 부족 시 조달했던 채무에 대한 상환을 위한 지출이 있다.

지방자치단체의 현금수입과 현금지출

① 〈현금수입=세입〉

　1) 자체조달수입(지방세수입·세외수입(자산매각수입 등)

　2) 중앙정부·광역지방정부 지원수입

　3) 채무조달 수입

② 〈현금지출=세출〉

　1) 인건비·운영비 등 일반적 지출

　2) 교육·복지, SOC 등 지출

　3) 채무상환 지출

③ 〈잔고보유액=세계잉여금〉 : 〈현금수입〉 - 〈현금지출〉

그런데 지방자치단체가 현금수입(=세입)을 늘리기 위해 중앙정부나 광역 지방자치단체에 자기 자치단체만 계속해서 더 많은 재정지원을 해달라고 할 수는 없으며, 또한 채무조달을 통한 현금수입도 과다한 경우 재정건전성을 심각하게 위협하기 때문에 한계가 있다.

결국 지방자치단체가 현금수입을 늘리기 위한 근본적인 해법은 지방세수입이나 세외수입을 통해 자체조달수입을 늘리는 수밖에 없다. 이는 결국 지방자치단체의 재정자치를 위한 자치입법권이 근본적으로 필요한 이유이기도 하다.

지방자치단체의 현금지출(=세출)의 경우도 재원이 한정되어 있기 때문에 무한정 지출할 수는 없다. 따라서 법적 의무지출은 지출할 수밖에 없다지만 이외 운영비, 선심성 사업 등 낭비성 지출은 수시로 검토하며 줄여야 한다.

03
세입세출예산서 이해하기

• •

세입세출예산서는 크게 세입예산 항목과 세출예산 항목으로 구성되어 있다. 세입예산 항목과 세출예산 항목을 구체적으로 살펴보면 다음과 같다.

세입예산

세입예산은 한마디로 들어올 돈이다. 세입예산은 크게 6개 항목으로 구분되어 세입예산서에 기재된다. 즉 세입예산은 세입의 성질에 따라 ①지방세수입 ②세외수입 ③중앙정부지원금(지방교부세/국고보조금) ④광역자치단체지원금(시도조정교부금/시도비보조금) ⑤지방채발행액 ⑥보전수입 및 내부거래 등으로 구분해 기재한다.

'지방세수입'은 자치단체가 거둬들이는 지방세 수입을 말한다. 광역자치단체의 지방세수입에는 취득세, 등록면허세, 레저세, 지방소비세, 지역자원시설세, 지방교육세가 있으며, 기초자치단체의 지방세수입에는 주민세, 재산세, 자동차세, 담배소비세, 지방소득세가 있다. 그리고 '세외수입'은 재산임대/매각수입, 사용료수입, 사업수입, 징수교부금수입, 부담금, 과징금 및 과태료, 이자수입 등이다. 또한 '중앙정부지원금'은 국가로부터 받은 지방교부세나 국고보조금을 말하며 '광역자치단체지원금'에는 광역자치단체로부터 받은 시·도조정교부금과 시·도보조금이 있다. 이외 세입항목으로 '지방채발행 세입액'과 '보전수입 및 내부거래'가 있다.

'보전수입 및 내부거래' 항목은 본래는 세외수입 항목에 포함되어 있었으나 재정통계를 왜곡시키는 문제를 발생시켜, 단순 회계연도 구분에 따른 전년도이월금, 다른 회계로부터의 전입금, 예탁금과 예수금 등 내부거래 수입을 별도로 구분해 과목을 신설하게 된 것이다.

세입예산 구성

1. 세수입

2. 세외수입

3. 중앙정부 지원금(지방교부세, 국고보조금)

4. 광역 시·도 지원금(시·도조정교부금, 시·도비보조금)

5. 지방채발행 세입액

6. 보전수입 및 내부거래

세입예산 6가지는 다시 장, 관, 항, 목이란 분류를 통해 구분되는데, 장/관/항/목은 예산항목 분류의 편의성을 위한 일종의 집주소와 같은 역할을 한다.

'장'은 가장 포괄적인 것인데 다시 여러 개의 '관'으로 분류되고, '관'은 또 그 아래에 여러 개의 '항'으로 재분류되며, '항'은 최종적으로 여러 개의 '목'으로 분류된다. 다음 사례를 보면 쉽게 이해할 수 있을 것이다.

먼저 세입예산 중 '지방세수입'을 가장 포괄적인 장이라는 품목에 분류하고 그 아래로 '지방세'라는 관으로 분류하고, 다시 그 아래로 '보통세'를 항으로 분류하고, 마지막으로 가장 아래 단계인 '취득세'를 목으로 분류한다. 이처럼 장/관/항/목과 그 옆의 100/110/111/111-01의 숫자는 단순 분류를 위한 고유코드번호라고 이해하면 될 것이다.

장/관/항의 예산내역은 예산심의기관인 의회 의결을 거쳐야 하는 '입법과목'이며, 항 밑에 세항과 세세항 분류를 추가로 둘 수 있는데, 세항/세세항과 목의 예산 내역은 자치단체장의 자유재량인 '행정과목'이다.

세입예산과 장/관/항/목 분류 작성 사례

〈사례 1〉

　　장 -- 100 지방세수입

　　　관 -- 110 지방세

　　　　항 -- 111 보통세

　　　　　목 -- 111-01 취득세

〈사례 2〉

　　장 -- 200 세외수입

　　　관 -- 210 경상적 세외수입

```
항 -- 211 재산임대수입
목 -- 211-01 국유재산임대료
```

세출예산

세출예산은 한마디로 '나갈 돈'이다. 세출예산서는 크게 '기능별 세출예산서', '조직별 세출예산서', '성질별 세출예산서'로 구분되어 작성된다.

기능별 세출예산서

기능별 세출예산서는 세출항목을 13개 분야 52개 부문으로 분류해 작성한 세출예산서를 말한다. 기능별 세출예산서는 지방자치단체 전체 차원에서 각 분야별로 어디에 예산이 얼마나 배분되었는지 거시적인 예산 활동을 파악하기에 용이하다는 장점이 있다. 타 지방자치단체와 비교·평가 시에도 매우 유익하게 활용된다.

기능별 세출예산서 13개 항목은 (1)일반 공공행정 (2)공공질서 및 안전 (3)교육 (4)문화 및 관광 (5)환경 (6)사회복지 (7)보건 (8)농림해양수산 (9)산업·중소기업 및 에너지 (10)교통 및 물류 (11)국토 및 지역개발 (12)과학기술 (13)예비비(일반회계 1% 이내) 이며 이 외 기타(공무원인건비, 직무수행비 등 행정운영경비 포함)가 있다.

기능별 세출예산서 작성 사례

〈사례 1〉

분야   010 일반공공행정

부문   011 입법 및 선거관리

         013 지방행정/재정지원

         014 재정/금융

         016 일반행정

〈사례 2〉

분야   050 교육

부문   051 유아 및 초중등교육

         052 고등교육

         053 평생/직업교육

조직별 세출예산서

조직별 세출예산서는 지방자치단체 전체 재정을 각 부서별로 정책사업, 행정운영경비, 재무활동으로 크게 구분하고 이 중 정책사업을 다시 정책사업-단위사업-세부사업으로 세분화해 작성한 세출예산서를 말한다.

'조직별 세출예산서'는 각 실·국·과 부서별 차원의 예산활동을 파악하기에 매우 용이하며 통상적으로 많이 접하는 가장 일반적인 세출예산서다.

조직별 세출예산서 작성 사례

〈각 부서별〉

정책사업	행정운영경비	재무활동
단위사업	인력운영비	내부거래지출
세부사업	인력운영비세부사업	내부거래지출세부사업

〈문화예술과〉

정책사업	문화예술활성화
단위사업	문화예술진흥
세부사업	1. **예술제

2. **연극제

3. **페스티벌

4. **한마당

성질별 세출예산서

성질별 세출예산서는 장/관/항/목 중 목을 보다 더 구체적으로 목그룹, 편성목, 통계목으로 분류해 작성한 세출예산서를 말한다.

성질별 세출예산서는 인건비, 업무추진비, 의회비 등 각 세부 항목별 예산 활동을 파악하기 용이하다.

성질별 세출예산서는 8개 목그룹과 39개 편성목으로 구분해 작성된다. 8개 목그룹은 인건비, 물건비, 경상이전, 자본지출, 융자 및 출자, 보전재원, 내부거래, 예비비 및 기타로 구성된다.

성질별 세출예산서 작성 사례

목그룹   100 인건비

편성목   101 인건비

통계목   01 보수:기본급/수당/정액급식비/명절휴가비/연가보

상비

02 기타직 보수

03 공무직(무기계약) 근로자 보수

04 기간제근로자 등 보수

〈예산서〉

– 세입예산과 세출예산으로 구성

– 지방자치단체 예산서 : 세입세출예산서

〈결산서〉

– 세입결산과 세출결산으로 구성

– 지방자치단체 결산서 : 세입세출결산서/결산재무제표

04
가계부와 세입세출예산서 한계점

.●

  가계부는 가정에 매월 수입이 얼마이고 지출이 얼마인가를 기록하는 가계 재정보고서다. 그런데 가계부는 매월 들어오는 수입과 지출된 돈만을 보여줄 뿐이지 우리 집 총재산이 얼마이고 빚이 얼마인지를 전체적으로는 전혀 보여주지 못하는 단점이 있다.

  가계부의 한계는 단식부기라는 회계방식을 사용하기 때문이다. 그런데 지방자치단체의 대표적 재정보고서인 세입세출예산서와 세입세출결산서도 단식부기 회계방식에 의해 작성하기 때문에 가계부처럼 수입과 지출만을 보여줄 뿐 지방자치단체의 정확한 자산은 얼마이고, 부채는 얼마인지를 전혀 보여주지 못하는 단점을 그대로 가지고 있다.

또한 가계부와 세입세출예산서, 세입세출결산서는 보통 현금이 실제 들어오거나 실제 지출되는 시점을 기준으로 하는 현금주의 회계방식에 의해 작성된다. 이로 인해 가계나 지방자치단체의 재정 상태나 성과를 심각하게 왜곡시킨다. 다음의 사례를 보면 쉽게 이해할 수 있을 것이다.

행복 지방자치단체의 단체장 임기가 올해 12월 31일로 끝나는데, 하필이면 12월 31일에 갚아야 할 빚이 10억 원 생겼다고 가정하자. 그런데 자치단체장이 갚아야 할 빚을 12월 31일에 지출하지 않고, 하루 후인 다음연도 1월 1일에 지출하기로 했다고 하자.

현금주의 회계방식은 지출이 이뤄지기 전까지는 전혀 회계기록 인식을 하지 않기 때문에 올해 세입세출결산서상에는 10억 원의 세출이 과소 지출되어 그만큼 더 많은 세계잉여금을 발생시키는 결과를 가져온다. 결국 이는 현 자치단체장의 재정 성과를 10억 원 더 과대하게 보여준다.

반대로 새로운 자치단체장의 임기인 다음연도 세입세출결산서상에는 10억 원의 세출이 과대 지출되어 그만큼 더 적은 세계잉여금을 발생시키는 결과를 가져오게 된다. 이는 전임 자치단체장이 10억 원이란 빚을 발생시켰음에도 불구하고 신임 자치단체장에게 10억 원의 빚을 전가시켜 재정 성과를 심각하게 왜곡시키게 되는 것이다.

결국 가계부가 가지고 있는 한계점을 지방자치단체의 핵심 재정보고서 중 하나인 세입세출예산서와 세입세출결산서가 그대로 가지고 있는 것이다.

이러한 이유로 단식부기·현금주의에 의해 작성되는 가계부와 세입세출예산서, **세입세출결산서의 한계점을 극복하기 위해 2007년 복식부기·발생주의라는 회계제도를 도입하게 된 것이다. 그리고 이러한 복식부기·발생주의 회계제도에 의해 작성된 재정보고서가 바로 '결산재무제표'다.**

따라서 지방 살림을 보다 더 정확하게 파악하기 위해서는 지방자치단체의 결산재무제표를 이해하는 것도 매우 중요하다.

회계기록 방식에 의한 재정보고서 분류

1. 단식부기·현금주의 재정보고서

　1) 개념 : 현금의 수입과 지출만을 기준으로 한 회계기록 방식 보고서

　2) 사례 : 가계부, 세입세출예산서, 세입세출결산서

2. 복식부기·발생주의 재정보고서

　1) 개념 : 수익·비용·자산·부채 상호연계와 경제적 사건 발생

기준에 의한 회계기록 방식 보고서

2) 사례 : 결산재무제표

05
결산재무제표 이해하기

· ·

결산재무제표 개념

지방자치단체의 결산재무제표는 한마디로 '총괄 재정이력서'
다. 결산재무제표의 핵심 구성은 재정상태표와 재정운영표다. **'재
정상태표'는 자산과 부채가 얼마나 되는지를 보여주는 표이며,
'재정운영표'는 재정 수익과 비용의 세부내역을 보여주는 표다.**

결산재무제표는 재정상태표와 재정운영표를 함께 포괄하기 때
문에 총괄 재정이력서인 것이다. 재정상태표와 재정운영표는 함께
활용되어야 지방자치단체의 재정정보를 제대로 파악할 수 있다.

재정상태표와 재정운영표를 포함한 결산재무제표는 지방재정
법에 의해 각 지방자치단체가 매년 홈페이지에 공개하도록 되
어 있다.

재정상태표

개념과 기본 구성

재정상태표는 매년 12월 31일 시점에서 지방자치단체의 자산과 부채가 얼마나 되는지를 보여주는 표다. 보통 우리가 자신의 자산과 부채를 파악할 때 특정 시점을 기준으로 해서 얼마나 되는지 파악하듯이, 지방자치단체도 매년 12월 31일을 기준으로 해서 재정상태표를 통해 자산과 부채를 보여준다.

재정상태표는 자산, 부채, 순자산 항목으로 구성된다. 자산은

'지방자치단체가 소유하고 있는 모든 경제적 자원'을 말한다. 부채는 '지방자치단체가 갚아야만 하는 빚'을 말하며, 순자산은 자산에서 부채를 차감한 '지방자치단체의 순수한 몫'을 말한다.

자산은 부채와 순자산을 합한 것이다(자산=부채+순자산). 이는 단순한 논리다. 만약 지방자치단체가 신청사 건물 매입을 위해 100억 원이 필요한데, 이 중 30억 원이 부족해 빚을 내 구입했다면, 자산은 신청사 건물가액 100억 원이고 부채는 30억 원, 순자산은 70억 원이다.

우리가 통상 대출을 받아 집을 샀다면 소유권은 나에게 있지만 대출금은 갚아야 하는 빚이고 집값에서 대출금을 뺀 차액만큼 순수한 내 몫이라는 것을 생각해보면 쉽게 이해할 수 있다.

재정상태표의 구성은 1년이라는 기한을 기준으로 자산은 유동자산과 비유동자산으로 구분되며, 부채는 유동부채와 비유동부채로 구분된다.

즉 지방자치단체 자산 중 1년 이내 단기간에 현금으로 전환할 수 있는 자산은 유동자산으로, 1년 이상 장기간 사용하기 위해 보유하는 자산은 비유동자산으로 구분된다. 또한 부채도 1년 이내 단기에 갚아야 하는 부채는 유동부채로, 1년 이후 장기에 갚아야 하는 부채는 비유동부채로 구분된다.

이처럼 1년을 기준으로 유동자산이나 비유동자산, 유동부채나 비유동부채를 구분한다는 개념을 기억해두면 재정뿐만 아니라 경제·경영 개념을 이해하는데 매우 유익하다.

유동자산·비유동자산, 유동부채·비유동부채 구분 방법

1. '유동'이란 1년 미만, 즉 '단기'의 의미이다.
   : 유동자산=단기자산, 유동부채=단기부채
2. '비유동'이란 1년 이상, 즉 '장기'의 의미이다.
   : 비유동자산=장기자산, 비유동부채=장기부채

실제 요약 재정상태표를 통해 재정상태표 구성과 항목들을 이해해 보면 다음과 같다. 재정상태표 작성의 큰 원칙은 이미 설명했듯이 자산과 부채를 유동이냐 비유동이냐 구분에 의해 작성하고, 또한 연도별 비교평가가 가능토록 올해뿐만 아니라 작년 것도 동시에 보여주도록 작성된다.

먼저 자산은 크게 1년 기한을 기준으로 유동자산과 비유동자산으로 구분되며 비유동자산은 투자자산, 일반유형자산, 주민편의시설, 사회기반시설, 기타 비유동자산으로 다시 구분되어 작성된다.

또한 부채도 1년 기한을 기준으로 유동부채와 비유동부채로 구분되며 비유동부채는 장기차입부채, 기타비유동부채로 구분되어 작성된다.

그리고 '자산 = 부채 + 순자산'의 원칙이 재정상태표에 그대로 적용되어 작성된다. 사례로 제시된 요약 재정상태표를 보고 반드시 직접 확인해보아야 한다.

세부 구성 항목

재정상태표의 자산, 부채 세부 구성 항목을 살펴보면 다음과 같다.

자산 항목

자산 항목에는 유동자산과 비유동자산이 있다. 비유동자산은 투자자산, 일반유형자산, 주민편의시설, 사회기반시설, 기타 비유동자산으로 다시 나뉜다.

① 유동자산

유동자산은 1년 내에 현금화가 가능하거나 또는 실현될 것으

요약 재정상태표 예시(단위 : 100만 원, %)

구분	20×2년(당해연도)		20×1년(직전연도)	
	금액	구성비	금액	구성비
유동자산	7,000,000	20.0%	6,000,000	19.0%
투자자산	3,000,000	8.5%	3,000,000	9.5%
일반유형자산	4,000,000	11.4%	3,500,000	11.2%
주민편의시설	1,000,000	2.8%	900,000	2.9%
사회기반시설	20,000,000	56.9%	18,000,000	57.1%
기타비유동자산	100,000	0.4%	100,000	0.3%
자산 총계	35,100,000	100.0%	31,500,000	100.0%
유동부채	1,000,000	19.6%	900,000	36.0%
장기차입부채	4,000,000	78.4%	1,500,000	60.0%
기타비유동부채	100,000	2.0%	100,000	4.0%
부채 총계	5,100,000	100.0%	2,500,000	100.0%
순자산 총계	30,000,000	100.0%	29,000,000	100.0%
부채 및 순자산 총계	35,100,000	-	31,500,000	-

로 예상되는 자산으로서, 현금 및 현금성자산, 단기금융상품, 미수세금, 미수세외수입금, 미수징수교부금, 미수정부간이전수익, 단기대여금, 재고자산 등을 말한다.

② 투자자산

투자자산은 1년 이상 투자 등의 목적으로 보유하고 있는 자산으로서 장기금융상품, 장기대여금, 장기투자증권 등을 말한다.

③ 일반유형자산

일반유형자산은 고유목적인 공공서비스 제공을 위해 반복적 계속적으로 사용되는 자산으로서 건물(청사 등), 토지(청사부지 등), 차량운반구, 기계장치 등을 말한다.

④ 주민편의시설

주민편의시설은 지역주민이 공동으로 이용하는 편의시설로서 도서관, 주차장, 공원, 문화·관광시설, 체육시설, 사회복지시설, 의료시설, 교육시설 등 주민의 생활에 밀접한 공동시설을 말한다.

⑤ 사회기반시설

사회기반시설은 초기에 대규모의 투자가 소요되며 파급효과가 장기간에 걸쳐서 나타나는 지역사회의 기반적 자산으로서, 도로, 도시철도, 상수도시설, 수질정화시설, 하천부속시설, 폐기물처리시설, 재활용시설, 농수산기반시설, 댐, 항만시설 등을 말한다.

⑥ 기타 비유동자산

기타 비유동자산은 유동자산, 투자자산, 일반유형자산, 주민편의시설, 사회기반시설에 속하지 않는 자산으로서 보증금, 무형자산 등을 포함한다.

건물·토지의 일반유형자산, 주민편의시설, 사회기반시설 구분 사례

1. 동일한 건물이라도 지방자치단체의 청사로 사용되는 건물이라면 '일반유형자산'으로, 공원부속시설이라면 '주민편의시설'로, 댐부속시설인 경우는 '사회기반시설'로 분류한다.
2. 동일한 토지라도 청사 부속 토지라면 '일반유형자산'으로, 공원부지 토지라면 '주민편의시설'로, 댐시설 부속 토지라면 '사회기반시설'로 분류한다.

부채 항목

부채 항목에는 유동부채와 비유동부채가 있다. 비유동부채는 장기차입부채, 기타 비유동부채로 나뉜다.

① 유동부채

유동부채는 1년 내에 상환되거나 의무이행이 예상되는 단기차입금, 유동성장기차입부채, 기타유동부채를 말한다.

② 장기차입부채

장기차입부채는 만기가 1년 이후에 도래하는 부채로서 장기차입금, 지방채증권을 말한다.

③ 기타 비유동부채

기타 비유동부채는 유동부채와 장기차입부채 이외의 부채로 퇴직급여충당부채 등이 있다.

이거 알아요?

부채와 채무

'부채'란 미래에 경제적 부담을 해야만 하는 의무로서, '채무'보다 훨씬 더 포괄적인 개념이다. 지방재정법 또는 국가재정법상 채무는 실질적으로 지방채증권·국채, 차입금, 채무부담행위, 보증채무부담행위 등 4가지만을 말한다.

그러나 부채는 이들 4가지 채무 외에도 미지급금, 예수금, 선수금, 장기선수수익, 충당부채(퇴직급여·연금), 장기예수보증금 등을 포함하는 더 넓은 개념이다.

따라서 지방자치단체의 재정 건전성을 보다 더 정확히 파악하기 위해서는 당연히 채무가 아닌 부채를 통해서 확인해야만 한다. 특히 지방공기업의 부채도 실질적으로 지방자치단체가 책임을 져야 하기 때문에 지방자치단체가 부담해야 할 부채에 반드시 포함시켜야 한다.

이러한 부채와 채무의 개념을 명확히 이해한다면 지방선거 때마다 논란이 되는 '채무 제로'가 눈속임용 홍보라는 것과, 지방자치단체의 빚을 지방공기업으로 전가시켜 마치 채무나 부채가 줄어든 것처럼 재정 건전성을 왜곡하는 것을 쉽게 파악할 수 있을 것이다.

재정운영표

개념과 기본 구성

재정운영표는 지방자치단체의 한 해 동안 재정 수익은 얼마나 되고 이에 대응하는 비용은 얼마나 되는지 그 내역을 보여주는 표다. 재정운영표는 재정상태표와 함께 가장 핵심적인 결산재무제표다.

재정상태표

해당연도 20××년×월×일 현재
직전연도 20××년×월×일 현재

지방자치단체명

(단위 : 원)

과목	해당연도(20××년)						직전연도(20××년)					
	일반 회계	기타 특별회계	기금 회계	지방공기업 특별회계	내부 거래	계	일반 회계	기타 특별회계	기금 회계	지방공기업 특별회계	내부 거래	계
자산												
Ⅰ. 유동자산												
현금및현금성자산												
단기금융상품												
···												
Ⅱ. 투자자산												
장기금융상품												
장기대여금												
···												
Ⅲ. 일반유형자산												
토지												
건물												
건물감가상각누계액												
···												
Ⅳ. 주민편의시설												
도서관												
주차장												
···												
Ⅴ. 사회기반시설												
도로												
도시철도												
···												
Ⅵ. 기타비유동자산												
보증금												
무형자산												
자산 총계												
부채												
Ⅰ. 유동부채												
단기차입금												
유동성장기차입부채												
···												
Ⅱ. 장기차입부채												
장기차입금												
지방채증권												
···												
Ⅲ. 기타비유동부채												
퇴직급여충당부채												
···												
부채 총계												
순자산												
고정/특정/일반 순자산												
순자산 총계												
부채와 순자산 총계												

'재정상태표'가 특정 시점(12월 31일 시점)에서 자산, 부채를 보여주는 '스틸 사진'이라면, '재정운영표'는 1년 동안 발생된 수익과 비용을 연결해서 모두 보여주는 '동영상'과 같다.

재정상태표와 재정운영표의 차이점

1. 재정상태표 : 12월 31일 시점에서 자산, 부채를 보여주는 재정보고서로서 일종의 스틸 사진 개념(stock)이다.
2. 재정운영표 : 1월 1일부터 12월 31일까지 1년 동안 발생된 수익과 비용 내역을 보여주는 재정보고서로서 일종의 동영상 개념(flow)이다.

현행 지방회계기준상(제26조) '재정운영표'는 기능별과 성질별 2가지 형식으로 나누어 작성하고 있다.

〈기능별 재정운영표〉는 일반공공행정, 공공질서 및 안전 등 거시적 항목의 기능상 분류를 통해 작성하는 것을 말한다. 이러한 〈기능별 재정운영표〉는 거시적인 차원에서 재정 및 예산이 어디에 배분되었는지를 파악하는데 적합하다.

요약 재정상태표 예시(단위 : 100만 원, %)

구분	2018년(당해연도)		2017년(직전연도)	
	금액	구성비	금액	구성비
인건비	900,000	5.3%	800,000	5.1%
운영비	2,000,000	11.8%	1,900,000	12.1%
정부간이전비용	13,000,000	76.4%	12,000,000	75.9%
민간등이전비용	900,000	5.3%	1,000,000	6.3%
기타비용	200,000	1.2%	100,000	0.6%
비용총계	17,000,000	100%	15,800,000	100%
자체조달수익	11,000,000	56.4%	10,000,000	52.6%
정부간이전수익	8,000,000	41.0%	8,500,000	44.7%
기타수익	500,000	2.6%	500,000	2.7%
수익총계	19,500,000	100%	19,000,000	100%
재정운영결과(수익-비용)	2,500,000	–	3,200,000	–

또한 〈성질별 재정운영표〉는 인건비, 운영비 등 세부적 항목의 성격상의 분류를 통해 작성하는 것을 말한다. 이러한 〈성질별 재정운영표〉는 기능별 재정운영표 보다 지방자치단체의 세부적인 재정항목들을 꼼꼼히 파악하는데 더 적합하다.

〈기능별 재정운영표〉는 이미 〈기능별 세출예산서〉에서 설명한 것과 같이 크게 13개 거시적 항목으로 분류해 작성한다는 것 외에 다른 차이점이 크게 없기 때문에 여기서는 더 이상 설명하지 않겠다. 다만 복식부기 발생주의 회계제도에 의해 작성된 결산재무제표에서는 〈성질별 재정운영표〉가 훨씬 유익한 재정정보를 제공해 주기 때문에 이하에서는 이를 중심으로 설명하겠다.

〈성질별 재정운영표〉는 크게 수익과 비용으로 구성된다. 수익은 자체조달수익, 정부간이전수익, 기타수익으로 구분되며, 비용은 인건비, 운영비, 정부간이전비용, 민간등이전비용, 기타비용으로 구분된다. 다음 사례를 통해 〈성질별 재정운영표〉의 기본형식을 알아보겠다.

세부 구성항목
재정운영표의 수익, 비용 세부 구성항목들을 살펴보면 다음과 같다.

수익 항목
수익 항목은 크게 자체조달수익, 정부간이전수익, 기타수익 3가지로 구분된다.

① 자체조달수익
자체조달수익은 지방자치단체가 독자적인 과세 권한과 자체적인 징수 활동에 의해 조달한 수익을 말한다. 따라서 자체조달수익은 지방자치단체의 실질적인 재정 자립 능력의 원천이 되는 수익이다.

자체조달수익은 지방세수익, 경상세외수익, 임시세외수익으로 구성된다. 지방세수익은 지방자치단체가 과세 권한에 의해 징수하는 지방세를 말한다. 경상세외수익은 재산임대료수익, 사용료수익, 사업수익 등을 말하며, 임시세외수익은 자산처분이익, 과태료수익 등을 말한다.

② 정부간이전수익

정부간이전수익은 지방자치단체가 중앙정부나 광역지방정부로부터 지원받는 지방교부세, 국고보조금, 조정교부금, 시도비보조금 등을 말한다.

③ 기타수익

기타수익은 자체조달수익과 정부간이전수익 이외 수익으로 공사·공단 전입금, 회계간 전입금, 기부금 등이 있다.

비용 항목

비용 항목은 인건비, 운영비, 정부간이전비용, 민간 등 이전비용, 기타비용 등 크게 5가지로 구분된다.

① 인건비

인건비는 지방자치단체가 주민들에게 행정서비스를 제공하기 위해 고용한 공무원, 비정규직직원, 무기계약근로자 등에게 지급하는 급여, 복리후생비, 기타인건비, 퇴직급여를 말한다.

② 운영비

운영비는 지방자치단체의 행정활동 수행을 위한 일반적인 경비로서 도서구입 및 인쇄비, 소모품비, 홍보 및 광고비, 지급수수료, 자산수선유지비, 교육훈련비, 제세공과금, 보험료 및 공제료, 임차료, 출장비, 업무추진비, 행사비, 이자비용, 위탁대행사업비, 의회비 등을 말한다.

특히 운영비 세부항목 중 지급수수료, 위탁대행사업비, 의회비는 반드시 이해해야 할 중요한 항목이다.

먼저 지급수수료와 위탁대행사업비의 공통점은 모두 지방자치단체에 직접 고용된 직원(공무원 등)이 아닌 제3자에게 지급한 업무대행비의 성격이라는 것이다. 차이점은 위탁대행사업비의 경우는 반드시 그 대상사업이 법령이나 조례에 규정되어 있어야 한다는 것이며 지급수수료의 경우는 그렇지 않다는 것이다. 이 2가지 항목은 지방자치단체 운영비 중 매우 높은 비율을 차지해 지나친 외주를 통한 낭비성 재정지출이 없는지 꼼꼼히 살펴 봐야할 핵심 항목이다.

또한 의회비는 지방자치단체가 지원하는 지방의원의 의정활동비, 월정수당, 국내외여비, 의정운영경비, 의정운영 업무추진비 등을 말하는데 이 또한 지역주민이나 시민단체 등이 매우 관심 있어 하는 항목이다.

③ 정부 간 이전비용

정부간이전비용은 지방자치단체가 다른 정부조직에 대가 없이 이전하는 비용으로서 시·도비보조금, 자치구조정교부금, 시·군조정교부금, 지방자치 단체 간 부담금, 국가에 대한 부담금, 교육비특별회계 전출금, 교육기관운영비 보조금 등이 있다.

이러한 정부간이전비용에는 반드시 이해해야 할 매우 중요한

2 가지 항목이 포함되어 있다.

첫째는 시·도비보조금, 자치구조정교부금, 시·군조정교부금으로서 이는 광역지방정부(광역시·도)가 기초지방자치단체에 얼마만큼 재정지원을 했는가를 보여는 항목이다.

둘째는 교육비특별회계 전출금과 교육기관운영비 보조금으로서 이는 지방자치단체가 얼마만큼 지역교육을 위해 재정지원을 했는가를 보여주는 항목이다.

따라서 이 두 가지 항목은 정부간이전비용 항목에서 별도로 반드시 체크해야 할 핵심 항목이다. 이러한 이유들 때문에 재정 상태표와 재정운영표의 기본 형식과 주요 항목별 이해가 반드시 필요한 것이다.

④ 민간 등 이전비용

민간 등 이전비용은 민간에 대가없이 이전하는 비용으로 민간보조금, 민간장학금, 민간출연금, 공사공단 전출금, 회계 간 전출금, 지방공공기관 보조금 등이 있다.

특히 이중 민간보조금 항목에는 순수한 사회보장적 성격인 민간의료보조금, 민간생계지원금, 민간복지시설보조금이 포함되어 있다.

따라서 민간 등 이전비용 중 민간보조금 항목은 지방자치단체가 얼마만큼 사회복지보장을 위해 재정지원을 했는가를 보여주는 것으로 재정운영표에서 반드시 체크해야 할 핵심 항목이다.

⑤ 기타비용

기타비용은 인건비, 운영비, 정부간이전비용, 민간 등 이전비용을 제외한 기타비용으로 자산처분손실, 감가상각비, 대손상각비 등을 들 수 있다.

비용 구성 항목

비용 = 인건비 + 운영비 + 정부간이전비용 + 민간 등 이전비용
       + 기타비용

재정운영표(성질별)

해당연도 20××년×월×일 현재
직전연도 20××년×월×일 현재

지방자치단체명

(단위 : 원)

과목	해당연도(20××년)						직전연도(20××년)					
	일반회계	기타특별회계	기금회계	지방공기업특별회계	내부거래	계	일반회계	기타특별회계	기금회계	지방공기업특별회계	내부거래	계
Ⅰ. 인건비												
급여												
복리후생비												
· · ·												
Ⅱ. 운영비												
소모품비												
지급수수료												
업무추진비												
· · ·												
Ⅲ. 정부간이전비용												
시도비보조금												
조정교부금												
· · ·												
Ⅳ. 민간등이전비용												
민간보조금												
출연금												
· · ·												
Ⅴ. 기타비용												
자산처분손실												
자산감액손실												
Ⅵ. 비용총계												
Ⅶ. 자체조달수익												
지방세수익												
경상세외수익												
임시세외수익												
Ⅷ. 정부간이전수익												
지방교부세수익												
보조금수익												
· · ·												
Ⅸ. 기타수익												
전입금수익												
기부금수익												
· · ·												
Ⅹ. 수익총계												
Ⅺ. 재정운영결과												
: (Ⅵ-Ⅹ)												

06
결산재무제표 분석을 위한
10개 핵심지표 이해하기

● ●

지금까지 지방자치단체 재정 살림을 한눈에 보여주는 재정상태표와 재정운영표의 개념과 세부항목을 살펴보았다. 이제 재정상태표와 재정운영표를 구체적으로 어떻게 활용할 것인가에 대해 살펴보겠다.

지역 유권자나 주민, 시민사회단체 등이 내가 사는 지방자치단체에 대해 알고 싶어하는 재정 정보는 다음과 같이 분명하다.

과연 내가 사는 지방자치단체의 재정자립능력은 얼마나 되는지, 중앙정부나 광역지방정부의 재정지원은 제대로 받고 있는지, 재정 건전성은 괜찮은 것인지, 복지와 교육에 대한 재정 지원은 잘 하고 있는지, 주민편의시설이나 사회기반시설에 대한 투자는 적정한 것인지, 인건비와 운영비는 낭비적 요소 없이 사용되고 있는지 등에 대한 것이다.

그렇다면 이러한 사안들을 재정상태표와 재정운영표를 통해 어떻게 파악할 수 있는지 다음에서 설명하는 재정운영표 분석 지표(7개)와 재정상태표 분석지표(3개)를 이해함으로서 알아 볼 것이다.

재정운영표 분석 7개 핵심지표

재정운영표 분석과 관련한 핵심지표 7개의 의미와 해석을 살펴보면 다음과 같다.

주민 1인당 자체조달수익
: 실질적인 재정자립능력 지표

① 의미
'주민 1인당 자체조달수익'은 지방자치단체가 자체적으로 조달할 수 있는 재정수익이 얼마나 되는가를 보여주는 지표다. 이는 지방자치단체의 실질적인 재정자립능력을 보여주는 가장 분명하고 확실한 지표다.

'주민 1인당 자체조달수익'은 재정운영표 수익 항목 중 자제조달수익을 주민 수로 나눈 것이다.

주민 1인당 자체조달수익 산식

주민 1인당 자체조달수익 = 자체조달수익 ÷ 주민 수

* 자체조달수익 = 지방세수익 + 세외수익

자체조달수익을 주민 수로 나눈 이유는 단순 절대치인 자체조달수익 금액만을 가지고는 다른 지방자치단체와 비교할 수 없기 때문에 이를 비교평가 가능토록 하기 위한 것이다.

일례로 서울시와 제주도의 재정 규모 자체가 다른데 단순 절대치인 자체조달수익 금액만을 가지고 비교한다면 무의미하기 때문에 지방자치단체의 재정수익 발생 주체인 주민 수로 나눠 상대적인 비교평가가 가능토록 한 것이다.

② 해석

'주민 1인당 자제조달수익' 지표 값이 다른 지방자치단체에 비해 높을수록 해당 지방자치단체의 실질적인 재정자립능력이 높음을 의미한다.

한 가지 주의할 점은 지방자치단체의 재정자립능력을 보여주는 지표로 '재정자립도'를 많이 사용하지만 재정자립도 지표는 개념상 모순되는 문제점을 근본적으로 가지고 있다는 점이다.

즉 재정자립도는 자체조달수입을 자체조달수입, 정부간이전수입, 지방채발행액·예치금회수액 등 총수입으로 나눈 비율을 말한다.

그런데 만약 지방자치단체가 재정이 열악해 국고보조금과 같은 정부간이전수입을 많이 받는다면, 재정자립도 산식의 분모가 커져 역설적으로 다음해의 재정자립도는 더 낮아지는 모순이 계속해서 발생하게 된다.

따라서 지방자치단체의 재정자립능력을 더 실질적으로 보여주는 지표는 '주민 1인당 자체조달수익'이다.

재정자립도 지표 한계점

재정자립도 지표의 한계점은 지방자치단체가 재정이 열악해 국고보조금과 같은 정부간이전수입을 많이 받는다면, 재정자립도 산식의 분모가 커져 역설적으로 다음해의 재정자립도는 더욱 낮아지는 모순이 계속해서 발생된다는 것이다.

[재정자립도]

= 자체조달수입 ÷ 총 수입 × 100

주민 1인당 정부지원수익

: 중앙 및 광역지방정부(시·도)로부터 받은 재정지원수익 지표

① 의미

'주민 1인당 정부지원수익'은 지방자치단체가 중앙정부나 광역지방정부(시·도)로부터 지원받는 재정수익이 얼마나 되는가를 보여주는 지표이다.

광역시도와 같은 광역지방정부의 경우 정부지원수익은 중앙정부로부터 받는 지방교부세와 국고보조금을 말한다. 그러나 자치구·시·군과 같은 기초지방자치단체는 중앙정부로부터 받는 지방교부세, 국고보조금 외에 광역지방정부로부터 시·도비보조금, 자치구조정교부금, 시·군조정교부금도 받기 때문에 이들도 정부

지원수익에 포함해야 한다.

이러한 정부지원수익을 주민 수로 나눈 값이 '주민 1인당 정부지원수익'이다.

주민 1인당 정부지원수익 산식

주민 1인당 정부지원수익 = 정부지원수익 ÷ 주민 수

*광역지방정부가 받는 정부지원수익 = 지방교부세 + 국고보조금

*기초지방자치단체가 받는 정부지원수익 = 지방교부세 + 국고보조금 + 시·도비보조금 + 조정교부금

---

② 해석

'주민 1인당 정부지원수익' 지표 값이 다른 지방자치단체에 비해 높을수록 중앙정부나 광역지방정부로부터 더 많은 재정지원을 받고 있다는 것을 의미한다.

그런데 유의할 점은 정부지원수익은 지방자치단체의 재정 상황을 고려해 중앙정부나 광역지방정부가 재정 지원을 하기 때문에 주민 1인당 자체조달수익이 열악할수록 정부지원수익은 상대적으로 더 많아져야 한다.

즉 지방자치단체의 '주민 1인당 자체조달수익'이 최하위권이라면 상대적으로 '주민 1인당 정부지원수익'은 최상위권이어야 한다는 논리이다.

따라서 각 지방자치단체는 반드시 '주민 1인당 자체조달수익'과 '주민 1인당 정부지원수익' 순위 정도를 동시에 비교 평가해 과연 중앙정부나 광역지방정부로부터 적정한 재정 지원을 받고 있는지를 파악해볼 필요가 있다.

공무원 1인당 인건비

: 공무원 등 인건비 지급수준 지표

① 의미

'공무원 1인당 인건비'는 지방자치단체가 고용한 공무원 등에게 지급한 인건비 수준이 얼마나 되는지를 보여주는 지표다. 이는 재정운영표의 인건비 항목 금액을 공무원 수로 나눈 값이다.

공무원 1인당 인건비 산식

공무원 1인당 인건비 = 인건비 ÷ 공무원 수

재정운영표의 인건비는 지방자치단체가 행정활동 수행을 위해 고용한 공무원, 비정규직직원, 무기계약근로자 등에게 지급하는 급여, 복리후생비, 기타인건비, 퇴직급여를 말한다.

분모가 주민 수가 아니라 공무원 수인 이유는 인건비를 지급받는 주 대상자가 해당 지방자치단체의 공무원이기 때문이다.

② 해석

'공무원 1인당 인건비'지표 값이 다른 지방자치단체에 비해 높을수록 행정서비스 제공을 위한 공무원 등 인건비가 과다함을 보여준다.

공무원 1인당 운영비

: 업무추진비, 의회비 등 운영비 사용수준 지표

① 의미

'공무원 1인당 운영비'는 지방자치단체가 사용한 운영비 수준이 얼마나 되는지를 보여주는 지표다. 이는 재정운영표의 운영비 항목 금액을 공무원 수로 나눈 값이다.

재정운영표의 운영비는 지방자치단체의 행정활동 수행을 위한 일반적인 경비로서 도서구입 및 인쇄비, 소모품비, 홍보 및 광고비, 지급수수료, 자산수선유지비, 교육훈련비, 제세공과금, 보험료 및 공제료, 임차료, 출장비, 업무추진비, 행사비, 이자비용, 위탁대행사업비, 의회비 등을 말한다.

분모가 주민 수가 아니라 공무원 수인 이유도 운영비 사용 및 집행 주대상자가 지방자치단체의 공무원이기 때문이다.

물론 운영비에는 의회비(의정활동비, 의원여비 및 경비 등)가 포함되어 있기 때문에 이를 구분해서 의회비만을 별도로 다른 지방자치단체와 비교·평가해볼 수도 있다.

② 해석

'공무원 1인당 운영비' 지표 값이 다른 지방자치단체에 비해 높을수록 행정활동을 위한 운영비가 과다 지출되고 있음을 보여준다.

주민 1인당 기초지방자치단체 지원금

: 광역지방정부(광역시·도)의 기초지방자치단체 재정지원 수준 지표

① 의미

'주민 1인당 기초지방자치단체지원금'은 광역지방정부가 소속 기초지방자치단체(시·군·구)에 얼마나 많은 재정지원을 하고 있는가를 보여주는 지표다.

이는 재정운영표의 '정부간이전비용' 항목 중 시·도비보조금과 자치구·시군조정교부금을 합한 금액을 주민 수로 나눈 것이다.

주민 1인당 기초지방자치단체 지원금 산식

주민 1인당 기초지방자치단체 지원금 = (시·도비보조금 + 자치구·시·군조정교부금) ÷ 주민 수

재정운영표의 정부간이전비용은 다른 정부조직에 대가 없이 이전하는 비용으로서 이중 시·도비보조금, 자치구조정교부금, 시·군조정교부금은 광역지방정부(광역시·도)가 기초지방자치단체

에 얼마만큼 재정 지원을 했는가를 보여주는 중요한 항목이다.

② 해석

'주민 1인당 기초지방자치단체지원금' 지표 값이 다른 지방자치단체에 비해 높을수록 광역지방정부(광역시·도)가 소속 기초지방자치단체(자치구·시·군)에 재정 지원을 많이 해주고 있다는 것을 의미한다.

초·중·고 학생 1인당 교육지원금

: 지역교육을 위한 재정지원수준 지표

① 의미

'초·중·고 학생 1인당 교육지원금'는 지방자치단체가 지역교육을 위해 얼마나 많은 재정지원을 했는가를 보여주는 지표다.

이는 재정운영표의 정부간이전비용 항목 중 교육비특별회계전출금과 교육기관 운영비 보조금을 합한 금액을 해당 지방자치단체의 초·중·고 학생 수로 나눈 값이다.

초 · 중 · 고 학생 1인당 교육지원금 산식

초 · 중 · 고 학생 1인당 교육지원비
= (교육비특별회계 전출금 + 교육기관 운영비 보조금) ÷ 초 · 중
· 고 학생 수

교육비특별회계 전출금은 지방재정교육재정교부금법, 학교용
지 등에 관한 특례법, 도서관법 등에 의한 교육비특별회계 전출
금이나 조례에 따른 교육 부담금을 말한다. 또한 교육기관 운영
비 보조금은 교육경비 보조에 관한 규정, 학교급식법 등 교육기
관의 운영비를 보조하기 위해 지원되는 각종 경비를 말한다.

따라서 교육비특별회계 전출금과 교육기관 운영비 보조금 항
목은 지역교육 재정을 파악하기 위해 이해해야 하는 매우 중요
한 항목이다.

그리고 분모가 주민 수가 아니라 초 · 중 · 고 학생 수인 이유는 교
육비특별회계 전출금과 교육기관 운영비 보조금의 주 대상자가 해
당 지방자치단체의 전체 주민이 아닌 초 · 중 · 고생이기 때문이다.

② 해석

'초·중·고 학생 1인당 교육지원금' 지표 값이 다른 지방자치단체에 비해 높을수록 해당 지방자치단체가 지역교육을 위해 많은 재정 지원을 하고 있다는 것을 의미한다.

주민 1인당 사회보장지원금

: 복지 등 사회보장을 위한 재정지원 수준 지표

① 의미

'주민 1인당 사회보장지원금'은 지방자치단체가 사회보장 등 복지에 얼마나 많은 재정지원을 했는가를 보여주는 지표다. 이는 재정운영표의 민간 등 이전비용 항목에서 민간보조금을 해당 지방자치단체의 주민 수로 나눈 값이다.

주민 1인당 사회보장지원금 산식

주민 1인당 사회보장민간지원금 = 민간보조금 ÷ 주민 수

재정운영표의 민간보조금 항목은 민간에게 지급하는 사회보장적 수혜금을 주로 말한다. 지방자치단체 회계규정상 민간보조금

항목에는 순수한 사회보장적 성격인 민간의료보조금, 민간생계지원금, 민간복지시설보조금 외에 공익목적의 비영리단체인 민간사회단체보조금과 운수업계보조금도 포함되어 있다.

재정운영표에도 각 항목을 따로 구분하지 않고 민간보조금 항목에 총액으로 계상하고 있기 때문에 '주민 1인당 사회보장지원금' 산출시에도 총액을 그대로 활용한 것이다.

② 해석

'주민 1인당 사회보장지원금' 지표 값이 다른 지방자치단체에 비해 높을수록 해당 지방자치단체가 지역 주민의 사회보장을 위해 많은 재정 지원을 하고 있다는 것을 의미한다.

재정상태표 분석 3개 핵심지표

주민 1인당 총부채액

: 실질적인 재정건전성 수준 지표

① 의미

'주민 1인당 총부채액'은 해당 지방자치단체 주민들이 실질적으로 부담해야 하는 부채 규모를 보여준다. 이는 지방자치단체의 재정 건전성을 보여주는 가장 대표적이고 확실한 지표다.

'주민 1인당 총부채액'은 총부채액을 주민 수로 나눈 값이다. 여기서 유의할 점은 총부채액이 단순히 재정상태표만의 부채를 말하는 것이 아니라 지방자치단체가 출자한 지방공기업의 부채까지도 모두 포함한 금액이라는 것이다.

주민 1인당 총부채액 산식

주민 1인당 총부채액 = 총부채액 ÷ 주민 수

* 총부채액 = 지방자치단체 부채액 + 지방자치단체 출자 지방공기업 부채액

이처럼 재정상태표의 부채뿐만 아니라 출자 지방공기업의 부채까지 합산한 총부채를 사용한 이유는 지방자치단체가 직접 출자한 지방공기업이 망하면 이에 대한 재정 부담은 당연히 지방자치단체가 져야 하기 때문이다.

또한 일부 지방자치단체는 재정상태표의 부채를 적게 보이기 위해 출자 지방공기업으로 부채를 의도적으로 전가시키는 경우도 있기 때문이다.

재무제표에 공시된 '지방공사의 자산·부채를 포함한 재정상태' 예시(단위 : 100만 원)

구분	합계	지방자치단체	지방자치단체 출자지방공기업
총자산	44,569,384	35,456,520	9,112,864
총부채	10,336,273	4,449,219	5,887,054

이러한 악용을 막기 위해 지방회계법은 지방자치단체의 부채
와 출자 지방공기업의 부채를 합한 총부채를 재무제표에 '지방공
사의 자산, 부채를 포함한 재정상태'라는 항목으로 의무적으로
공시토록 하고 있다.

② 해석

'주민 1인당 총부채액'이 높을수록 지방자치단체의 주민들이
부담해야 하는 실질적인 부채액이 그만큼 많다는 것을 의미한다.

그러나 부채와 관련해 반드시 유의할 점은 부채는 너무 많아도
문제지만 전혀 없는 것도 바람직하지 않기 때문에 적정 수준의
부채 관리가 필요하다는 것이다.

왜냐하면 부채가 지나치게 많다면 당연히 재정 건전성을 해치
고 재정 위기에 빠질 수도 있지만, 반대로 부채가 전혀 없는 부채
제로(채무 제로)만을 고집한다면 오히려 주민을 위한 행정서비스
가 상당히 지연되거나 줄어들 수 있기 때문이다.

즉 지방자치단체가 지역경제나 복지·교육 등을 위해 적당한 부채 수준을 유지하면서 확장 재정지출을 해야 할 필요성이 있음에도 불구하고, 부채 제로(채무 제로)만을 고집한 채 필요한 재정지출을 하지 않는다면 그만큼 지역경제와 복지·교육은 후퇴할 수밖에 없다는 것이다.

주민 1인당 주민편의시설

: 주민편의시설 확보 수준 지표

① 의미

'주민 1인당 주민편의시설'은 지방자치단체가 주민 수 대비 어느 정도의 주민편의시설을 확보하고 있는가를 보여주는 지표이다. 이는 재정상태표의 자산 항목 중 주민편의시설순액(=주민편의시설총액-감가상각누계총액)를 주민 수로 나눈 값이다.

주민 1인당 주민편의시설 산식

주민 1인당 주민편의시설 = 주민편의시설순액 ÷ 주민 수

* 주민편의시설순액 = 주민편의시설총액 – 감가상각누계액

재정상태표의 '주민편의시설' 항목은 지역주민이 이용하는 편의시설로서 도서관, 주차장, 공원, 체육시설, 사회복지시설, 의료시설, 교육시설 등 주민의 생활에 밀접한 공동시설을 말한다.

여기서도 유의할 점은 재정상태표상 '주민편의시설총액'에서 '감가상각누계총액'을 차감한 '주민편의시설순액'을 사용했는데, 그 이유는 시간 경과에 따른 주민편의시설의 물리적, 기능적 퇴화 및 가치 감소를 반영시킨 현재의 실질가치가 보다 더 의미 있기 때문이다.

② 해석

'주민 1인당 주민편의시설' 지표 값이 높을 수록 지방자치단체가 주민 수 대비 주민편의시설을 충분히 확보하고 있다는 것이다.

그러나 반드시 유의할 점은 과다한 주민편의시설은 지나친 유지보수비와 수선관리비로 오히려 지방자치단체 재정에 심각한 악영향을 미칠 수도 있다는 것이다.

따라서 '주민 1인당 자체조달수익'이나 '주민 1인당 총부채액' 등 재정 수준을 고려한 실질적이고 지속가능한 행정서비스가 이뤄지도록 종합적으로 고려해야 할 것이다.

주민 1인당 사회기반시설

: 교통 등 사회기반시설 확보 수준 지표

① 의미

'주민 1인당 사회기반시설'은 지방자치단체가 주민 수 대비 어느 정도의 사회기반시설을 확보하고 있는가를 보여주는 지표이다. 이는 재정상태표의 자산 항목 중 사회기반시설순액(=사회기반시설총액-감가상각누계총액)를 주민 수로 나눈 값이다.

주민 1인당 사회기반시설 산식

주민 1인당 사회기반시설 = 사회기반시설순액 ÷ 주민 수

* 사회기반시설 순액 = 사회기반시설총액 − 감가상각누계액

재정상태표의 사회기반시설은 지역사회의 기반적 자산을 말하며 도로, 도시철도, 상수도시설, 수질정화시설, 하천부속시설, 폐기물처리시설, 재활용시설 등을 말한다.

'주민 1인당 주민편의시설' 지표와 마찬가지로 재정상태표의 사회기반시설 총액에서 감가상각누계액을 차감한 사회기반시설

순액을 활용하는 이유는 시간 경과에 따른 사회기반시설의 물리적, 기능적 퇴화 및 가치 감소를 반영시킨 현재의 실질가치가 보다 더 의미 있기 때문이다.

② 해석

'주민 1인당 사회기반시설' 지표 값이 높을수록 지방자치단체가 주민 수 대비 사회기반시설을 충분히 확보하고 있다는 것이다.

그러나 주민편의시설과 마찬가지로 지나치게 과다한 사회기반시설은 오히려 많은 유지보수비와 수선관리비로 지방자치단체 재정에 심각한 악영향을 미칠 수도 있다.

따라서 '주민 1인당 자체조달수익'이나 '주민 1인당 총부채액' 등 재정 능력을 동시에 고려하며 투자해야 할 것이다.

결산재무제표 분석 10개 핵심지표 산식 및 의미 요약

재무제표	핵심지표(10개)	산식	의미
재정운영표 항목 (핵심지표 7개)	주민 1인당 자체조달수익	자체조달수익 ÷ 주민 수	실질적인 재정자립능력 수준
	주민 1인당 정부지원수익	(지방교부세+국고보조금 + 시도비 보조금+조정교부금) ÷ 주민 수	중앙 및 광역지방정부로부터 받은 재정지원 수준
	공무원 1인당 인건비	인건비 ÷ 공무원 수	인건비 지급 수준
	공무원 1인당 운영비	운영비 ÷ 공무원 수	운영비 사용 수준
	주민 1인당 기초지방자치단체 지원금	(시도비보조금+조정교부금) ÷ 주민 수	소속 기초지방자치단체 재정지원 수준
	초 · 중 · 고 1인당 교육지원금	(교육비특별회계전출금+교육기관 운영비보조금) ÷ 초 · 중 · 고생 수	초 · 중 · 고 교육 지원 수준
	주민 1인당 사회보장지원금	민간보조금 ÷ 주민 수	복지 등 사회보장 지원 수준
재정상태표 항목 (핵심지표 3개)	주민 1인당 총부채액	(본청 부채액 + 출자지방공기업 부채액) ÷ 주민 수	실질적인 재정건전성 수준
	주민 1인당 주민편의시설	주민편의시설 순액 ÷ 주민 수	주민편의시설 확보 수준
	주민 1인당 사회기반시설	사회기반시설 순액 ÷ 주민 수	사회기반시설 확보 수준

| 6장 |

지방자치단체 재정과 예산을
한 눈에 파악하는
실전 분석 사례

대부분의 국민과 시민들은 내가 사는 자치단체의 예산 규모나 재정자립도가 얼마나 되는지도 궁금하지만, 과연 다른 자치단체들과 비교 평가했을 때 어느 정도 수준인지를 더 궁금해 할 것이다. 그리고 사회과학의 특성상 실제로 다른 국가나 다른 지방자치단체와 비교평가 분석을 통한 정보를 제공했을 때 국민과 시민에게 더 객관적이고 정확한 재정 및 예산 정보를 제공할 수 있을 것이다.

01
경기도 31개 시·군 세입세출예산서
비교분석 활용 사례 : 파주시를 중심으로

● ●

　본 사례는 경기도 파주시를 중심으로 경기도 31개 시·군에 대한 예산 및 재정에 대한 비교평가 분석 자료를 제시한 것이다. 이를 통해 파주시가 경기도 31개 시·군 중에서 어느 정도의 예산 규모이며, 재정자립능력은 얼마나 되는지, 그리고 한정된 예산을 어느 분야에 어느 정도 수준으로 쓰고 있는지를 명확히 파악할 수 있을 것이다.

　경기도 31개 시·군의 재정 및 예산 분석을 위한 기본적인 자료와 주된 분석 내용은 다음과 같다.
　먼저 분석의 주된 내용은 파주시를 중심으로 경기도 31개 시·군의 ① 인구 수 비교평가 ② 예산규모 비교평가 ③ 부채규모 비교평가 ④ 재정자립능력 비교평가 ⑤ 교육·복지 등 13개 세출항목별 예산규모 및 비교평가를 했다.

그리고 이러한 분석을 위한 자료는 첫째, 파주시를 포함한 경기도 31개 시·군의 예산규모/재정자립능력/13개 세출항목의 비교평가를 위해서는 경기도 31개 시·군의 홈페이지에 공개된 '2023년 세입세출예산 재정공시' 자료를 다운받았으며 둘째, 파주시를 포함한 경기도 31개 시·군의 부채규모를 비교평가 하기 위해서는 경기도 31개 시·군의 홈페이지에 공개된 '2021회계연도 결산재무제표' 자료를 다운받았다. '2022회계연도 결산재무제표'는 분석 시점에서 아직 공시되지 않았기 때문에 '2021회계연도 결산재무제표'를 활용했다.

파주시 인구 수 및 순위

파주시는 주민등록인구 수(2023.1. 기준)가 495,480명으로 경기도 31개 시·군 중 12위다.(2022.12 기준 외국인, 외국국적동포 포함 인구 수 506,276명)

파주시의 면적은 673.9㎢로 서울 면적의 1.2배나 되며, 근접한 고양시의 2.5배 규모의 면적을 가지고 있다.

경기도 31개 시·군 주민등록인구 수 및 순위 : 2023.1 기준

순위	시·군	인구 수(명)	순위	시·군	인구 수(명)
1	수원시	1,191,620	17	광명시	287,603
2	고양시	1,077,599	18	군포시	265,999
3	용인시	1,074,650	19	양주시	245,451
4	성남시	924,087	20	오산시	229,704
5	화성시	914,500	21	이천시	222,451
6	부천시	788,935	22	안성시	188,643
7	남양주시	737,171	23	구리시	188,550
8	안산시	640,679	24	의왕시	160,067
9	평택시	580,011	25	포천시	146,374
10	안양시	547,917	26	양평군	122,414
11	시흥시	513,468	27	여주시	113,259
12	파주시	495,480	28	동두천시	91,255
13	김포시	484,725	29	과천시	78,341
14	의정부시	463,353	30	가평군	62,114
15	광주시	391,225	31	연천군	41,950
16	하남시	326,497			

파주시 2023년 본예산 규모 및 순위

파주시의 2023년 본예산(일반회계) 규모는 1조 6,099억 원으로 경기도 31개 시·군 중 10위의 예산 규모로 상위권이었다. 그리고 주민 1인당 본예산(일반회계) 예산 규모도 325만 원으로 경기도

31개 시·군 중 12위에 해당되었다.

파주시 2023년 본예산 총 규모(1조 9,544억 원)

= 일반회계(1조 6,099억 원) + 특별회계(3,445억 원)

경기도 31개 시·군 본예산(일반회계) 규모 및 순위

순위	시·군	본예산(백만원)	순위	시·군	인구 수(명)
1	성남시	2,870,107	17	이천시	964,937
2	용인시	2,805,809	18	양주시	941,385
3	화성시	2,784,770	19	광명시	886,744
4	수원시	2,747,708	20	포천시	863,451
5	고양시	2,567,500	21	하남시	848,457
6	부천시	1,971,027	22	여주시	807,036
7	평택시	1,929,907	23	군포시	723,321
8	남양주시	1,907,535	24	양평군	708,227
9	안산시	1,732,531	25	오산시	631,712
10	파주시	1,609,855	26	구리시	596,802
11	김포시	1,406,266	27	연천군	553,054
12	안양시	1,400,018	28	동두천시	499,396
13	시흥시	1,307,968	29	의왕시	497,648
14	의정부시	1,248,046	30	가평군	462,299
15	광주시	1,090,002	31	과천시	377,703
16	안성시	988,413			

파주시 2023년 본예산 재원 구성 및
세계잉여금 규모 비교평가

이러한 파주시의 2023년 본예산(일반회계)의 재원구성 내역을 분석해 보니 파주시가 자체적으로 조달하는 재원인 지방세수입 (25.8%)과 세외수입(4.3%)은 전체 금액 중 30.1%에 지나지 않았다. 중앙정부나 경기도로부터 받는 의존재원이 57.5%나 되었으며, 전년도에서 이월된 세계잉여금도 2,000억 원으로 12.4%나 되었다.

구분	재원	금액(백만원)	비중
자체조달 재원	지방세수입	414,500	25.8%
	세외수입	69,145	4.3%
중앙 및 경기도 의존재원	지방교부세	227,700	14.1%
	조정교부금 등	46,647	2.9%
	중앙 및 시·도 보조금	651,836	40.5%
전년도 잉여금		200,000	12.4%
2023년 본예산(일반회계) 총액		1,609,855	100%

그런데 세계잉여금이 크게 발생했다는 것은 세입이나 세출을 제대로 정확이 예측하지 못했다는 것이며, 이는 결국 제때 사용

해야 할 예산을 제대로 쓰지 못함으로서 지자체와 시민들에게 큰 기회손실을 발생시키는 폐단이 있다는 것이다.

실제로 파주시의 2023년 세계잉여금 2,000억 원은 경기도 31개 시·군 중 압도적인 큰 금액으로 1위를 차지했으며, 인구 100만이 넘는 용인시, 수원시, 고양시보다도 월등히 많았다.

경기도 31개 시·군 일반회계 잉여금 규모 및 순위

순위	시·군	잉여금(백만원)	순위	시·군	인구 수(명)
1	파주시	200,000	17	양주시	26,000
2	용인시	130,000	18	평택시	25,000
3	수원시	120,000	19	의왕시	23,000
4	고양시	120,000	20	성남시	20,000
5	안양시	102,112	21	포천시	20,000
6	부천시	73,000	22	연천군	20,000
7	이천시	65,000	23	구리시	18,000
8	김포시	60,000	24	시흥시	16,689
9	광명시	53,761	25	오산시	10,000
10	남양주시	35,000	26	하남시	8,300
11	여주시	31,307	27	양평군	7,200
12	안산시	30,000	28	동두천시	5,000
13	의정부시	30,000	29	화성시	–
14	광주시	30,000	30	군포시	–
15	안성시	30,000	31	가평군	–
16	과천시	29,000			

이뿐만 아니라 파주시의 세계잉여금은 지난 5년간 매년 1,000
억 원 이상 발생함으로서 상당히 심각한 재정 기회손실을 계속
발생시키고 있었다.

파주시 연도별 세계잉여금 발생 규모

구분(단위:백만원)	2019년	2020년	2021년	2022년	2023년
잉여금	155,000	100,000	100,000	140,000	200,000

파주시 부채규모 및 순위 비교평가

파주시 본청 부채액 규모 및 순위

파주시 본청의 부채액은 1,925억 원으로 경기도 31개 시·군
중 6위를 차지할 만큼 매우 높은 수준이었다.

파주시 전체 총부채액 규모 및 순위

또한 파주시 본청뿐만 아니라 파주시가 100% 출자한 산하 지
방공사인 파주도시관광공사의 부채액(349억 원)를 합한 파주시의
총부채액은 1,928억 원이었다. 이는 경기도 31개 시·군 중 10위
의 규모였으며 파주시 본청만의 부채액 순위보다는 다소 내려갔
으나 여전히 총부채액 규모는 상위권이었다.

경기도 31개 시·군 본청 부채액 및 순위

순위	시·군	자치단체 부채액(백만원)	순위	시·군	인구 수(명)
1	성남시	737,878	17	오산시	53,238
2	수원시	474,575	18	화성시	51,644
3	시흥시	376,688	19	의왕시	47,629
4	평택시	258,542	20	남양주시	47,297
5	부천시	196,866	21	동두천시	46,508
6	파주시	192,471	22	하남시	42,269
7	김포시	186,940	23	여주시	36,526
8	용인시	181,877	24	양평군	34,035
9	광주시	177,608	25	광명시	29,260
10	고양시	106,520	26	과천시	29,231
11	양주시	83,470	27	가평군	27,697
12	안산시	75,358	28	포천시	27,456
13	이천시	73,637	29	군포시	25,926
14	안성시	71,200	30	의정부시	22,944
15	안양시	66,155	31	연천군	17,809
16	구리시	54,794			

지방자치단체 총부채액

= 지방자치단체 본청 부채액 + 100% 출자한 산하 지방공사·공단 부채액

경기도 31개 시·군 총부채액 및 순위

순위	시·군	총부채액(백만원)	순위	시·군	총부채액(백만원)
1	평택시	1,171,157	17	이천시	73,811
2	성남시	759,975	18	안성시	73,637
3	수원시	486,158	19	구리시	71,681
4	시흥시	447,446	20	안양시	66,805
5	용인시	356,050	21	오산시	53,293
6	하남시	314,623	22	의왕시	49,820
7	부천시	234,118	23	동두천시	46,508
8	광주시	211,161	24	여주시	36,787
9	김포시	195,933	25	양평군	35,905
10	파주시	192,820	26	광명시	30,299
11	고양시	187,893	27	의정부시	29,210
12	과천시	171,229	28	포천시	29,198
13	남양주시	143,996	29	가평군	28,622
14	안산시	103,438	30	군포시	27,014
15	화성시	100,211	31	연천군	18,042
16	양주시	84,075			

파주시 재정자립능력 순위 및 비교평가

파주시 재정자립도 수준 및 순위

재정자립도는 자치단체의 총수입 중 스스로 자체조달 가능한 재원인 지방세수입과 세외수입 비율이 얼마나 되는지를 보여주는 지표다. 재정자립도가 30%라는 것은 자치단체 스스로 가능한 재원조달능력이 30%밖에 안 된다는 것을 의미하며, 나머지는 중앙정부나 광역자치단체 등 외부에 의존하거나 빚을 내야 한다는 것을 의미한다.

재정자립도=(지방세수입+세외수입)÷자치단체 총수입×100

파주시의 재정자립도는 30.04%로 경기도 31개 시·군 중 21위로 중하위권이었다. 파주시의 예산 규모가 경기도 31개 시·군 중 10위에 해당될 만큼 큰 규모에 비하면 재정자립도가 상당히 열악한 편이었다.

파주시 재정자주도 수준 및 순위

재정자주도는 재정자립도와 함께 지방자치단체의 재정자립능력을 보여주는 대표적인 지표다.

재정자주도는 총수입(전체 예산) 중 지방세수입과 세외수입 뿐만 아니라 지방교부세와 조정교부금 수입을 더한 금액이 차지하는

경기도 31개 시·군 재정자립도 및 순위

순위	시·군	재정자립도(%)	순위	시·군	재정자립도(%)
1	화성시	61.08	17	군포시	32.70
2	성남시	59.59	18	고양시	32.65
3	하남시	51.50	19	부천시	31.11
4	용인시	47.91	20	남양주시	30.63
5	수원시	45.98	21	파주시	30.04
6	평택시	45.83	22	안성시	29.64
7	과천시	45.34	23	구리시	28.39
8	이천시	43.87	24	양주시	26.71
9	시흥시	39.98	25	포천시	24.63
10	안양시	39.62	26	의정부시	22.60
11	안산시	37.18	27	여주시	21.46
12	김포시	37.16	28	양평군	20.54
13	광주시	36.65	29	가평군	20.51
14	광명시	35.96	30	연천군	15.05
15	의왕시	35.69	31	동두천시	13.94
16	오산시	33.90			

비율을 나타낸다. 이러한 재정자주도는 자치단체가 예산 사용처를 자율적으로 정하고 집행할 수 있는 자주적 재원 역량을 보여주는 지표다.

재정자주도

$$= [(\text{지방세수입}+\text{세외수입})+(\text{지방교부세}+\text{조정교부금})] \div \text{자치단체 총수입} \times 100$$

경기도 31개 시·군 재정자주도 및 순위

순위	시·군	재정자주도(%)	순위	시·군	재정자주도(%)
1	과천시	74.13	17	안산시	57.77
2	화성시	69.27	18	안양시	57.17
3	가평군	67.26	19	용인시	57.04
4	성남시	66.33	20	김포시	56.98
5	양평군	65.95	21	양주시	56.89
6	여주시	63.45	22	시흥시	56.68
7	연천군	62.62	23	남양주시	56.20
8	하남시	62.38	24	구리시	55.88
9	안성시	62.23	25	수원시	55.69
10	평택시	61.95	26	동두천시	54.74
11	광명시	60.90	27	고양시	54.50
12	오산시	60.04	28	부천시	51.98
13	포천시	60.02	29	이천시	50.41
14	의왕시	59.65	30	의정부시	48.14
15	군포시	58.89	31	파주시	47.08
16	광주시	57.93			

파주시 재정자주도는 47.08%로 경기도 31개 시·군 중 31위로 가장 최하위였다. 더구나 파주시의 재정자주도는 개선의 여지가 없이 지속적으로 악화되고 있다. 결국 파주시는 경기도 31개 시·군 중 재정자립도는 21위, 재정자주도는 31위로 재정자립능력이 최하위권으로 이를 개선하기 위한 대안 마련이 적극 필요했다.

파주시 재정자주도 연도별 비교

구분	2020년	2021년	2022년	2023년
재정자주도	54.91%	56.17%	53.40%	47.08%

파주시 주민 1인당 자체조달수입 규모 및 순위

주민 1인당 자체조달수입은 자체조달수입(=지방세수입+세외수입)을 주민 수로 나눈 값으로 재정자립도, 재정자주도와 함께 재정자립능력을 보여주는 대표적인 지표다.

주민 1인당 자제조달수입 = (지방세수입 + 세외수입) ÷ 주민 수 파주시 주민 1인당 자체조달수입은 98만 원으로 경기도 31개 시군 중 23위였으며, 재정자립도 21위보다 낮은 하위권이었다.

경기도 31개 시·군 주민 1인당 자체조달수입 규모 및 순위

순위	시·군	주민 1인당 자체조달수입액(원)	순위	시·군	주민 1인당 자체조달수입액(원)
1	과천시	2,185,854	17	수원시	1,060,308
2	연천군	1,959,928	18	양주시	1,024,510
3	이천시	1,903,093	19	광주시	1,021,108
4	화성시	1,859,831	20	시흥시	1,018,515
5	성남시	1,850,767	21	안양시	1,012,294
6	안성시	1,552,960	22	안산시	1,005,558
7	여주시	1,529,009	23	파주시	976,114
8	가평군	1,526,757	24	오산시	932,178
9	평택시	1,524,997	25	구리시	898,494
10	포천시	1,453,079	26	군포시	889,210
11	하남시	1,338,368	27	남양주시	792,701
12	용인시	1,251,005	28	고양시	778,038
13	양평군	1,188,614	29	부천시	777,340
14	의왕시	1,109,692	30	동두천시	763,125
15	광명시	1,108,862	31	의정부시	608,786
16	김포시	1,078,075			

경기도 31개 시·군 세출예산 항목별 예산 규모 및 순위 비교평가

파주시를 포함한 경기도 31개 시·군의 각 항목별 예산배정 규모 비교평가는 기능별 세출예산서 항목 13개를 기준으로 분석했다.

이미 앞에서 설명했듯이 기능별 세출예산서 13개 항목은 (1) 일반 공공행정, (2)공공질서안전, (3)교육, (4)문화, (5)환경, (6) 사회복지, (7)보건, (8)농림해양, (9)산업·중소및 에너지 (10)교통물류 (11)국토지역개발 (12)과학기술 (13)예비비로 구성되어 있으며, 이중 과학기술은 각 자치단체에서는 예산배정을 거의 하지 않았으며, 예비비는 법정한도액이 일반회계 예산의 1%로 규정되어 있기 때문에 이 2개 항목은 제외했다.

일반 공공행정 예산 규모 및 비율 순위

일반 공공행정 분야의 예산은 주민자치·주민행정편의 등 일반행정, 입법 및 선거관리, 지방행정·재정지원, 재정· 금융 등의 예산을 말한다.

파주시의 일반 공공행정 예산 규모는 본예산 일반회계 1조 6,099억 원 중 929억 원을 차지했으며, 이는 일반회계 총예산 대비 5.77%로 경기도 31개 시·군 중 21위로 중하위권이었다.

경기도 31개 시·군 일반 공공행정 예산액 및 비율 순위

순위	시·군	금액(백만원)	비율(%)	순위	시·군	금액(백만원)	비율(%)
1	과천시	61,028	16.16	17	광명시	59,966	6.76
2	시흥시	140,164	10.72	18	동두천시	33,727	6.75
3	오산시	61,153	9.68	19	안산시	113,740	6.56
4	의왕시	40,795	8.20	20	김포시	85,783	6.10
5	안양시	112,424	8.03	21	파주시	92,909	5.77
6	양주시	73,356	7.79	22	이천시	54,709	5.67
7	용인시	217,328	7.75	23	성남시	156,810	5.46
8	안성시	75,851	7.67	24	포천시	46,962	5.44
9	광주시	82,948	7.61	25	하남시	45,050	5.31
10	연천군	40,452	7.31	26	평택시	98,979	5.13
11	군포시	52,351	7.24	27	화성시	142,540	5.12
12	여주시	58,194	7.21	28	남양주시	94,316	4.94
13	수원시	195,307	7.11	29	구리시	28,540	4.78
14	고양시	177,015	6.89	30	부천시	88,552	4.49
15	가평군	31,850	6.89	31	의정부시	53,876	4.32
16	양평군	47,933	6.77				

공공질서안전 예산 규모 및 비율 순위

공공질서안전 분야의 예산은 경찰, 재난방재·민방위 분야 예산, 소방 분야의 예산을 말한다.

파주시의 공공질서안전 예산 규모는 본예산 일반회계 1조

경기도 31개 시·군 공공질서안전 예산액 및 비율 순위

순위	시·군	금액(백만원)	비율(%)	순위	시·군	금액(백만원)	비율(%)
1	연천군	10,171	1.84	17	하남시	7,996	0.94
2	안성시	16,893	1.71	18	남양주시	17,087	0.90
3	이천시	15,611	1.62	19	파주시	13,835	0.86
4	평택시	30,060	1.56	20	광주시	9,293	0.85
5	가평군	6,734	1.46	21	광명시	7,511	0.85
6	포천시	12,574	1.46	22	군포시	6,040	0.84
7	구리시	8,435	1.41	23	수원시	19,901	0.72
8	고양시	33,988	1.32	24	양평군	5,037	0.71
9	의왕시	6,583	1.32	25	용인시	19,754	0.70
10	김포시	17,984	1.28	26	부천시	13,403	0.68
11	오산시	8,066	1.28	27	안산시	11,608	0.67
12	안양시	17,228	1.23	28	동두천시	3,051	0.61
13	화성시	33,085	1.19	29	양주시	5,120	0.54
14	여주시	9,529	1.18	30	성남시	15,280	0.53
15	시흥시	12,552	0.96	31	의정부시	5,162	0.41
16	과천시	3,567	0.94				

6,099억 원 중 138억 원을 차지했으며, 이는 일반회계 총예산 대비 0.86%로 경기도 31개 시·군 중 19위로 중하위권이었다.

참고로 2023년 4월 성남시에서 정자교가 붕괴하는 참사가 발

생했고 그에 대한 진상조사가 발표 되었다. 그런데 핵심은 위 경기도 31개 시·군의 공공안전질서 예산 규모를 보면 알 수 있듯이, 성남시는 전체 예산 규모에서 공공안전질서 예산이 0.53% 밖에 되지 않았으며, 이는 경기도 31개 시·군 중 30위를 할 만큼 적었다. 이처럼 기능별 세출예산서를 통해 각 항목별 예산 배정액을 보면 자치단체의 재정과 예산 운영의 문제점을 한눈에 파악할 수 있다.

"정자교, 철근 접착력 떨어져 붕괴… 분당에 같은 공법 다리 51개"

올해 4월 발생한 경기 성남시 정자교 붕괴 사고는 다리 위 콘크리트에 물과 제설제가 오랜 기간 파고들며 콘크리트에 고정된 철근의 접착력이 떨어져서 발생한 것으로 나타났다. 안전 점검 과정에서 콘크리트 강도가 약해진 데다 다리 끝부분이 아래로 처지고 균열이 발견되는 등 사고 징후가 감지됐지만, 관리 주체인 성남시는 적절한 보수를 하지 않은 것으로 조사됐다.

국토교통부는 11일 정부세종청사에서 국토안전관리원 사고조사위원회가 정자교 붕괴 사고 원인을 조사한 결과 이같이 나타났다고 밝혔다. 경찰 수사 결과 지자체의 관리 소홀이 명확해지면 중대재해처벌법상 중대시민재해가 적용될 가능성이 높을 것으로 보인다.

이번 사고는 1993년 준공된 정자교 도로부 콘크리트에 제설제(염화칼슘)와 물이 스며든 후 온도 변화로 얼었다가 녹는 현상이 반복되면서 벌어졌다. 도로와 다리를 잇는 '캔틸레버' 부분이 균열돼 콘크리트의 방수층이 손상된 데다 교량 뼈대인 철근에 물과 염분이 닿으면서 철근 다발이 부식됐다. 철근은 염분에 취약한데 붕괴 구간 염화량은 최하위 등급인 D등급이었다. 손상된 콘크리트가 철근을 고정하는 힘이 떨어지면서 그 무게를 이기지 못하고 붕괴 사고로 이어진 것이다.

특히 콘크리트 압축 강도는 평균 32.77MPa로 설계 기준(40MPa)에 못 미쳤다. 붕괴 인접 구간의 강도는 29.45MPa로 기준치의 74%로 내려갔다. 안전 시스템도 미비했다. 정자교 점검 과정에서 포장 균열, 처짐, 동결융해로 인한 파손 등이 보고됐으나 제때 조치가 이뤄지지 않았다. 오히려 지난해 정기 안전 점검에서 '양호'(B등급) 판정을 받았다.

국토부에 따르면 정자교처럼 캔틸레버 공법으로 지어진 다리는 전국에 1,313개에 이른다. 특히 1기 신도시의 캔틸레버 교량은 56개의 대부분인 51개가 분당신도시에 있다. 국토부는 1기 신도시 캔틸레버 교량에 대해 지자체와 합동 실태점검에 들어갔다.

경기 성남시는 정자교 붕괴 사고 관련 시행사인 한국토지주택공사(LH)와 시공사를 상대로 이달 소송을 제기할 계획이다. 경기남부경찰청 강력범죄수사계는 분당구청 교량 관련 업무를 담당했던 공무원 11명을 업무상 과실치사상 혐의로 입건했고, 교량점검업체 직원 10명을 수사 중이다.

〈동아일보〉 2023-07-12

이축복 기자 bless@donga.com 성남=이경진 기자 lkj@donga.com

교육 예산 규모 및 비율 순위

교육 분야 예산은 유아 및 초·중등교육, 고등교육, 평생직업교육 분야에 배정된 예산을 말한다.

파주시의 교육 예산 규모는 본예산 일반회계 1조 6,099억 원 중 376억 원을 차지했으며, 이는 일반회계 총예산 대비 2.33%로 경기도 31개 시·군 중 16위로 중위권이었다.

파주시는 인구 50만이면서, 제2기 운정신도시가 위치한 곳으로서 젊은층의 학부모들이 많이 거주한다. 따라서 파주시의 총예산 규모가 경기 31개 시·군 중 10위라면 이와 균형이 맞게 최소한 교육예산도 10위 정도 규모로 편성되어야만 하는 것이다.

경기도 31개 시·군 교육 예산액 및 비율 순위

순위	시·군	금액(백만원)	비율(%)	순위	시·군	금액(백만원)	비율(%)
1	안산시	71,008	4.10	17	성남시	65,699	2.29
2	용인시	94,711	3.38	18	이천시	21,944	2.27
3	김포시	47,192	3.36	19	구리시	13,375	2.24
4	광명시	29,723	3.35	20	고양시	57,247	2.23
5	안성시	33,011	3.34	21	수원시	61,160	2.23
6	의정부시	40,815	3.27	22	광주시	23,326	2.14
7	부천시	62,645	3.18	23	시흥시	27,657	2.11
8	군포시	22,630	3.13	24	양평군	13,007	1.84
9	오산시	19,591	3.10	25	화성시	50,779	1.82
10	안양시	42,668	3.05	26	양주시	16,295	1.73
11	하남시	24,701	2.91	27	포천시	13,028	1.51
12	의왕시	13,813	2.78	28	여주시	11,547	1.43
13	남양주시	48,794	2.56	29	평택시	26,848	1.39
14	과천시	9,551	2.53	30	가평군	5,827	1.26
15	동두천시	12,062	2.42	31	연천군	6,799	1.23
16	파주시	37,583	2.33				

실제로 파주 운정신도시는 초등학교 과밀학급으로 심각한 문제가 발생되고 있다. 그런데도 파주시의 교육예산 비율은 지난 3년 동안 제자리걸음을 하는 상황이다.

파주시 연도별 교육예산 배정액 비율

구분	2021년	2022년	2023년
교육 예산 비율	2.83%	2.37%	2.33%

문화 및 관광 예산 규모 및 비율 순위

문화 및 관광 분야 예산은 문화예술, 관광, 체육, 문화재, 문화 및 관광일반 분야에 배정된 예산을 말한다.

파주시의 문화 및 관광 예산 규모는 본예산 일반회계 1조 6,099억 원 중 853억 원을 차지했으며, 이는 일반회계 총예산 대비 5.30%로 경기도 31개 시·군 중 14위로 중위권이었다. 문화관광 예산비율은 지난 3년 동안 제자리걸음 하고 있다.

파주시는 뛰어난 문화관광생태 인프라를 가지고 있음에도 불구하고 문화관광 분야에 제대로 된 예산 투입이 이뤄지지 않는다면 재정자립능력 개선과 지역 발전은 쉽지 않을 것이다.

파주시 연도별 문화 및 관광 예산 배정액 비율

구분	2021년	2022년	2023년
문화 및 관광 예산비율	5.37%	5.25%	5.30%

경기도 31개 시·군 문화 및 관광 예산액 및 비율 순위

순위	시·군	금액(백만원)	비율(%)	순위	시·군	금액(백만원)	비율(%)
1	동두천시	71,008	4.10	17	성남시	65,699	2.29
2	화성시	94,711	3.38	18	이천시	21,944	2.27
3	과천시	47,192	3.36	19	구리시	13,375	2.24
4	가평군	29,723	3.35	20	고양시	57,247	2.23
5	양평군	33,011	3.34	21	수원시	61,160	2.23
6	부천시	40,815	3.27	22	광주시	23,326	2.14
7	수원시	62,645	3.18	23	시흥시	27,657	2.11
8	여주시	22,630	3.13	24	양평군	13,007	1.84
9	성남시	19,591	3.10	25	화성시	50,779	1.82
10	이천시	42,668	3.05	26	양주시	16,295	1.73
11	광주시	24,701	2.91	27	포천시	13,028	1.51
12	안성시	13,813	2.78	28	여주시	11,547	1.43
13	구리시	48,794	2.56	29	평택시	26,848	1.39
14	파주시	9,551	2.53	30	가평군	5,827	1.26
15	광명시	12,062	2.42	31	연천군	6,799	1.23
16	하남시	37,583	2.33				

환경 예산 규모 및 비율 순위

환경 예산은 상하수도·수질, 폐기물, 대기, 자연, 해양, 환경보호일반 분야에 배정된 예산을 말한다.

파주시의 환경 예산 규모는 본예산 일반회계 1조 6,099억 원

경기도 31개 시·군 환경 예산액 및 비율 순위

순위	시·군	금액(백만원)	비율(%)	순위	시·군	금액(백만원)	비율(%)
1	포천시	85,717	9.93	17	시흥시	98,001	7.49
2	평택시	183,758	9.52	18	의왕시	37,231	7.48
3	파주시	146,585	9.11	19	광명시	65,906	7.43
4	부천시	178,803	9.07	20	화성시	206,879	7.43
5	양주시	83,021	8.82	21	연천군	40,662	7.35
6	오산시	52,658	8.34	22	양평군	50,822	7.18
7	성남시	235,750	8.21	23	안양시	98,729	7.05
8	남양주시	155,741	8.16	24	의정부시	86,161	6.90
9	김포시	114,015	8.11	25	수원시	176,940	6.44
10	안산시	139,929	8.08	26	군포시	41,796	5.78
11	고양시	204,274	7.96	27	과천시	21,476	5.69
12	광주시	85,193	7.82	28	가평군	25,448	5.50
13	안성시	77,038	7.79	29	하남시	46,200	5.45
14	용인시	217,600	7.76	30	동두천시	26,947	5.40
15	여주시	62,328	7.72	31	이천시	51,638	5.35
16	구리시	45,941	7.70				

중 1,466억 원을 차지했으며, 이는 일반회계 총예산 대비 9.11%로 경기도 31개 시·군 중 3위를 차지했다. 대규모 공단이 없는 파주시의 경우 이러한 큰 규모의 환경예산액은 오히려 이상할 정도로 높은 수준이다. 파주시의 환경 예산액 1,466억 원은 절

경기도 31개 시·군 사회복지 예산액 및 비율 순위

순위	시·군	금액(백만원)	비율(%)	순위	시·군	금액(백만원)	비율(%)
1	의정부시	694,713	55.66	17	시흥시	98,001	7.49
2	부천시	981,028	49.77	18	의왕시	37,231	7.48
3	군포시	358,034	49.50	19	광명시	65,906	7.43
4	시흥시	638,449	48.81	20	화성시	206,879	7.43
5	고양시	1,251,229	48.73	21	연천군	40,662	7.35
6	남양주시	918,223	48.14	22	양평군	50,822	7.18
7	안산시	831,977	48.02	23	안양시	98,729	7.05
8	수원시	1,299,370	47.29	24	의정부시	86,161	6.90
9	하남시	400,885	47.25	25	수원시	176,940	6.44
10	오산시	288,080	45.60	26	군포시	41,796	5.78
11	구리시	269,971	45.24	27	과천시	21,476	5.69
12	광주시	483,662	44.37	28	가평군	25,448	5.50
13	안양시	614,643	43.90	29	하남시	46,200	5.45
14	광명시	384,571	43.37	30	동두천시	26,947	5.40
15	동두천시	214,448	42.94	31	이천시	51,638	5.35
16	파주시	683,974	42.49				

대금액 순위로도 경기도 31개 시·군 중 9위를 차지할 만큼 높은
수준이다.

사회복지 예산 규모 및 비율 순위

사회복지 예산은 기초생활보장, 취약계층지원, 보육·가족·여성, 노인·청소년, 노동, 보훈, 주택(서민주거안정 등), 사회복지일반 분야에 배정된 예산을 말한다.

파주시의 사회복지 예산 규모는 본예산 일반회계 1조 6,099억 원 중 6,840억 원을 차지했으며, 이는 일반회계 총예산대비 42.49%로 경기도 31개 시·군 중 16위다. 파주시의 일반회계 예산 규모가 경기도 31개 시·군 중 10위 임에도 불구하고 사회복지 예산 지출비율은 16위로 중하위권이었다.

보건 예산 규모 및 비율 순위

보건 예산은 보건의료, 식품의약안전 분야에 배정된 예산을 말한다. 파주시의 보건 예산 규모는 본예산 일반회계 총 1조 6,099억 원 중 316억 원을 차지했으며, 이는 일반회계 총예산 대비 1.96%로 경기도 31개 시·군 중 24위로 하위권이었다.

농림해양 예산규모 및 비율 순위

농림해양 예산은 농업·농촌, 임업·산촌, 해양수산·어촌 분야에 배정된 예산을 말한다. 파주시의 농림해양 예산규모는 본예산 일반회계 총 1조 6,099억 원 중 776억 원을 차지했으며, 이는

경기도 31개 시·군 보건 예산액 및 비율 순위

순위	시·군	금액(백만원)	비율(%)	순위	시·군	금액(백만원)	비율(%)
1	하남시	29,583	3.49	17	이천시	21,759	2.25
2	성남시	100,047	3.49	18	의정부시	28,111	2.25
3	의왕시	16,525	3.32	19	안산시	36,689	2.12
4	안양시	40,369	2.88	20	과천시	7,974	2.11
5	오산시	17,987	2.85	21	동두천시	10,542	2.11
6	김포시	37,463	2.66	22	용인시	58,820	2.10
7	시흥시	34,756	2.66	23	수원시	57,285	2.08
8	광주시	28,619	2.63	24	파주시	31,583	1.96
9	고양시	67,321	2.62	25	연천군	10,715	1.94
10	광명시	22,838	2.58	26	평택시	36,540	1.89
11	군포시	18,304	2.53	27	양주시	17,763	1.89
12	화성시	67,358	2.42	28	포천시	13,083	1.52
13	구리시	14,105	2.36	29	가평군	6,412	1.39
14	양평군	16,586	2.34	30	여주시	11,008	1.36
15	부천시	45,817	2.32	31	안성시	13,429	1.36
16	남양주시	44,109	2.31				

일반회계 총예산 대비 4.82%로 경기도 31개 시·군 중 11위 순위였다.

경기도 31개 시·군 농림해양 예산액 및 비율 순위

순위	시·군	금액(백만원)	비율(%)	순위	시·군	금액(백만원)	비율(%)
1	양평군	88,119	12.44	17	동두천시	11,407	2.28
2	연천군	64,692	11.70	18	남양주시	43,491	2.28
3	안성시	115,559	11.69	19	안산시	33,380	1.93
4	이천시	112,311	11.64	20	하남시	14,124	1.66
5	여주시	93,932	11.64	21	고양시	42,605	1.66
6	가평군	52,138	11.28	22	과천시	5,290	1.40
7	화성시	297,744	10.69	23	의왕시	6,797	1.37
8	포천시	74,965	8.68	24	의정부시	13,729	1.10
9	평택시	150,975	7.82	25	구리시	6,404	1.07
10	양주시	45,569	4.84	26	수원시	26,072	0.95
11	파주시	77,624	4.82	27	안양시	11,204	0.80
12	김포시	58,892	4.19	28	성남시	18,407	0.64
13	용인시	95,203	3.39	29	군포시	4,537	0.63
14	광주시	29,947	2.75	30	광명시	3,073	0.35
15	시흥시	35,430	2.71	31	부천시	5,716	0.29
16	오산시	14,544	2.30				

산업·중소기업 및 에너지 예산 규모 및 비율 순위

산업·중소기업 및 에너지 예산은 산업금융지원, 산업기술지원, 무역 및 투자 유치, 산업진흥·고도화, 에너지 및 자원개발, 산업·중소기업 일반 분야에 배정된 예산을 말한다.

경기도 31개 시·군 산업·중소기업 및 에너지 예산액 비율 순위

순위	시·군	금액(백만원)	비율(%)	순위	시·군	금액(백만원)	비율(%)
1	연천군	21,051	3.81	17	여주시	14,838	1.84
2	구리시	18,053	3.02	18	고양시	46,247	1.80
3	시흥시	38,765	2.96	19	안성시	17,083	1.73
4	성남시	81,431	2.84	20	가평군	7,879	1.70
5	화성시	78,656	2.82	21	파주시	26,594	1.65
6	포천시	23,027	2.67	22	의정부시	19,357	1.55
7	김포시	34,708	2.47	23	용인시	41,503	1.48
8	평택시	46,810	2.43	24	과천시	5,386	1.43
9	양평군	17,014	2.40	25	이천시	12,373	1.28
10	양주시	20,961	2.23	26	수원시	35,222	1.28
11	광명시	19,468	2.20	27	오산시	8,009	1.27
12	안양시	30,073	2.15	28	남양주시	21,646	1.13
13	부천시	41,931	2.13	29	의왕시	4,264	0.86
14	군포시	14,703	2.03	30	광주시	7,877	0.72
15	하남시	17,024	2.01	31	동두천시	2,343	0.47
16	안산시	33,958	1.96				

파주시의 산업·중소기업 및 에너지 예산 규모는 본예산 일반회계 총 1조 6,099억 원 중 266억 원을 차지했으며, 이는 일반회계 총예산 대비 1.65%로 경기도 31개 시·군 중 21위로 중하위권이었다.

실제로 2020년 행정안전부 자료에 의하면 파주시의 일자리사업 예산지출비율은 0.14%로 동일유형 자치단체 평균 0.51%, 전국 평균 0.47%보다도 훨씬 낮아 심각한 수준이었다. 예산 뒷받침 없이는 그 어떠한 실효성 있는 정책이 있을 수 없다. 예산이 중요한 이유이다.

교통 및 물류 예산 규모 및 비율 순위

교통 및 물류 예산은 도로, 도시철도, 해운·항만, 항공·공항, 대중교통·물류 등 기타 분야에 배정된 예산을 말한다.

파주시의 교통 및 물류 예산 규모는 본예산 일반회계 총 1조 6,099억 원 중 1,742억 원을 차지했으며, 이는 일반회계 총예산 대비 10.82%로 경기도 31개 시·군 중 4위 수준으로 높았다.

2기 신도시 중 교통환경이 가장 열악한 파주 운정신도시를 고려한다면 효과성과 효율성 측면에서 교통 및 물류 예산이 더 실효성 있게 집행될 필요가 있다.

국토 및 지역개발 예산 규모 및 비율 순위

국토 및 지역개발 예산은 수자원, 지역 및 도시, 산업단지 분야에 배정된 예산을 말한다. 파주시의 국토 및 지역개발 예산규모는 본예산 일반회계 총 1조 6,099억 원 중 712억 원을 차지했으

경기도 31개 시·군 교통 및 물류 예산액 및 비율 순위

순위	시·군	금액(백만원)	비율(%)	순위	시·군	금액(백만원)	비율(%)
1	용인시	425,097	15.15	17	의왕시	36,712	7.38
2	화성시	333,513	11.98	18	과천시	27,663	7.32
3	연천군	63,606	11.50	19	포천시	62,876	7.28
4	파주시	174,182	10.82	20	안양시	95,917	6.85
5	광주시	116,647	10.70	21	군포시	45,504	6.29
6	평택시	200,273	10.38	22	수원시	168,809	6.14
7	여주시	83,564	10.35	23	오산시	36,953	5.85
8	하남시	83,549	9.85	24	고양시	141,045	5.49
9	성남시	277,163	9.66	25	부천시	104,627	5.31
10	남양주시	181,085	9.49	26	안산시	90,700	5.24
11	이천시	89,600	9.29	27	동두천시	26,056	5.22
12	김포시	126,108	8.97	28	안성시	51,421	5.20
13	양주시	79,226	8.42	29	시흥시	65,619	5.02
14	광명시	72,530	8.18	30	가평군	23,095	5.00
15	구리시	47,034	7.88	31	양평군	29,666	4.19
16	의정부시	97,909	7.84				

며, 이는 일반회계 총예산 대비 4.42%로 경기도 31개 시·군 중 17위 수준으로 중하위권이었다.

경기도 31개 시·군 국토·지역개발 예산액 및 비율 순위

순위	시·군	금액(백만원)	비율(%)	순위	시·군	금액(백만원)	비율(%)
1	연천군	81,761	14.78	17	파주시	71,236	4.42
2	과천시	33,983	9.00	18	광주시	40,042	3.67
3	포천시	75,999	8.80	19	구리시	21,086	3.53
4	성남시	212,183	7.39	20	고양시	88,201	3.44
5	여주시	58,459	7.24	21	남양주시	64,278	3.37
6	양주시	62,761	6.67	22	광명시	28,864	3.26
7	양평군	46,936	6.63	23	안양시	45,165	3.23
8	의왕시	31,445	6.32	24	안산시	52,459	3.03
9	이천시	58,705	6.08	25	하남시	25,243	2.98
10	평택시	112,421	5.83	26	군포시	21,437	2.96
11	가평군	26,469	5.73	27	부천시	51,606	2.62
12	김포시	77,509	5.51	28	시흥시	34,242	2.62
13	안성시	48,801	4.94	29	의정부시	32,115	2.57
14	용인시	138,225	4.93	30	오산시	10,803	1.71
15	수원시	129,110	4.70	31	화성시	35,925	1.29
16	동두천시	22,533	4.51				

분석 결론 : 파주시 재정과 예산의 나아갈 방향

타 자치단체와 비교평가를 통한 효과적이고 효율적인 예산 배분과 재정운영 필요

파주시의 2023년 세출예산 분석 결과 세출예산 총규모 수준은 경기도 31개 시·군 중 10위이나, 시민을 위한 세출예산의 핵심인 교육, 문화 및 관광, 사회복지, 산업·중소기업, 국토 및 지역개발 항목의 예산지출 수준은 모두 중하위권이나 하위권이었다.

따라서 파주시 전체적인 차원에서 지속가능한 성장과 시민 삶의 질 향상을 위한 효과적이고 효율적인 예산 배분이 절대적으로 필요하다. 이를 위해서는 기계적이고 반복적인 예산편성이 아닌 최소한 동종 유형의 자치단체들이나 경기 31개 시·군과 비교평가하여 무엇인 문제인지를 정확히 파악해 전체적인 접근 차원에서 예산 배분과 재정 운영이 이뤄지도록 해야 할 것이다.

열악한 재정자립능력 향상을 위한 적극적인 대책 마련

자치단체의 재정자립능력은 지속가능한 성장의 근본이다. 따라서 파주시는 경기도 31개 시·군 중 최하위권인 열악한 재정자립능력 향상을 위한 적극적인 대책을 마련해야만 한다.

많은 연구에서 지적했듯이 신도시가 성장을 위한 4대 핵심요

소는 교통, 일자리, 교육, 의료이다. 이에 대한 확고한 인식과 함께 적극적이고 창의적인 고민을 통해 세밀한 전략을 마련할 필요가 있다.

시민이 쉽게 이해하고 평가할 수 있는 지방재정정보 제공

현재 지방재정법에 의해 제공되고 있는 예산재정공시 자료는 예산과 재정 정보가 너무 함축되어 있고, 예산 심의시 의회에 제출되는 세입세출예산서는 양이 너무 방대해서 시민들이 쉽게 파악하고 평가하기 어려운 상황이다.

시민들이 예산과 재정에 대해 원하는 정보는 분명하고 단순하다. '과연 내가 낸 세금이 제대로 잘 쓰이고 있는가? 재정상태는 괜찮은가? 지속가능한 성장과 시민 삶의 질 향상을 위해 쓰이고 있는가? 경기도 31개 시·군이나 다른 자치단체와 비교해서 어느 정도 수준인가?' 이다.

따라서 단순한 절대적 수치의 금액이나 비율만이 아닌 경기도 31개 시·군과 함께 비교 평가한 예산 및 재정 정보를 시민에게 정기적으로 제공할 필요가 있다.

결산재무제표의 적극적인 활용을 통한 재정 효과성과 효율성 강화

세계적인 대문호 괴테는 "복식부기는 인류가 만든 가장 위대한 발명품 중 하나"라고 극찬했다. 단식부기로 작성된 세입세출예산서와 세입세출결산서의 단점을 보완하고 재정과 예산 운영의 효과성과 효율성을 높이기 위해 자치단체는 지난 2009회계연도부터 복식부기에 의해 결산재무제표를 의무적으로 작성하고 있다.

그런데도 결산재무제표를 결산심사 과정 중 작성해야 하는 하나의 요식행위로만 간주하고 제대로 전혀 활용하지 못하는 상황이다. 따라서 관련 전문가의 도움을 받아 결산재무제표의 적극 활용을 통한 파주시 전체적인 재정과 예산에 대한 결산평가를 제대로 한 후 차년도 예산에 적극 반영시킬 필요가 있다.

주민참여예산제도 적극적인 활성화를 통한 예산투명성 제고

파주시의 2022년 주민참여예산 반영액은 99억 7천만 원으로 일반회계 예산액 1조 4,944억 원의 0.7%밖에 안 된다. 말 그대로 허울뿐인 제도이다.

2018년 3월 지방재정법 개정을 통해 주민참여예산제도에 주민이 참여할 수 있는 범위를 '예산편성 과정'에서 '예산편성 등 예산 과정'으로 개편했다. 그리고 이러한 주민참여예산제도의 구체적인 운영 방법과 주민참여예산 기구의 구성과 운영, 주민참여 방법 등은 각 지방자치단체의 조례를 통해 자율적으로 정하도록 했다.

따라서 예산편성뿐만 아니라 예산의 집행, 결산(평가) 등 모든 예산과정에 주민자치회나 주민들이 적극 참여할 수 있도록 조례 개정 등 실질적인 방안 마련이 필요하다.

02
17개 광역자치단체 결산재무제표 분석 활용 사례

• •

지금까지 경기도 31개 시·군의 세입세출예산서 활용 사례를 살펴보았다. 이제 17개 광역자치단체의 결산재무제표 활용 사례를 살펴보겠다.

본 분석에 사용된 17개 광역자치단체의 결산재무제표는 홈페이지에 공개된 수년 전의 실제 결산재무제표다. 물론 수 년 전의 분석 내용이지만 결산재무제표 분석을 하는 방법은 단지 수치만 다를 뿐 모두 동일하기 때문에 회계연도를 '20×3'으로 표시해 그대로 사용했다. 그리고 본서의 지면 관계상 재정운영표와 재정상태표는 경기도의 '20×3년' 연도의 자료만을 예시로 제시했다.

지방자치단체의 재정을 평가하는 방식은 크게 2가지다. 첫째는 광역자치단체끼리나 기초지방자치단체끼리 서로 비교 평가하는 것이다. 이는 내가 사는 지방자치단체가 다른 지방자치단체에 비해 상대적으로 얼마나 재정을 효과적이고 효율적으로 운영하는지 알아보는 것이다.

둘째는 해당 지방자치단체에 대해 연도별 분석을 통해 추세를 파악하는 것이다. 이는 직전 자치단체장이나 직전 연도에 비해 재정 운영이 얼마나 효과적이고 효율적으로 변화되는지 그 추세를 파악하고자 하는 것이다.

본 분석에서는 경기도와 경상남도를 중심으로 결산재무제표 분석 10개 핵심지표를 통한 재정운영표와 재정상태표 분석 활용 사례를 다음과 같은 3단계로 살펴볼 것이다.

첫째, 경기도의 재정운영표(성질별)와 재정상태표를 통해 10개 핵심지표에 대한 값을 어떻게 산출하는지 구체적으로 알아보겠다. 그리고 경기도 외 나머지 16개 광역지방정부에 대해서도 동일한 방법에 의해 10개 핵심지표에 대한 분석값을 산출해보겠다.

둘째로, 경기도와 경상남도에 대해 10개 핵심지표의 연도별 추세분석 결과를 도출해볼 것이다.

마지막으로, 첫째와 둘째 단계 자료들을 바탕으로 경기도와 경상남도의 전반적인 재정 및 예산 운영에 대한 종합평가를 해볼 것이다.

결산재무제표 핵심지표 값 산출 사례

먼저 경기도의 20×3회계 년도 재정운영표(성질별)와 재정상태표를 통해 10개 핵심지표에 대한 분석 값을 어떻게 구하는지 알아볼 것이다.

경기도 재정운영표 핵심지표 값 산출방법

먼저 경기도의 20×3회계연도 재정운영표(성질별)는 다음과 같다. 이러한 재정운영표(성질별)와 관련된 7개 핵심지표에 대한 분석 값을 산출해보면 다음과 같다.

① 주민 1인당 자체조달수익

'주민 1인당 자체조달수익'은 재정운영표의 자체조달수익을 주민 수로 나눈 값이다. 경기도 20×3회계연보의 재정운영표상 자체조달수익은 11조 645억 원이며, 주민 수는 1,272만 명이다. 산식 결과 경기도의 주민 1인당 자체조달수익은 87만 원이다.

2. 성질별 재정운영표

당해연도 20　년 1월 1일부터 20　년 12월 31일까지
직전연도 20　년 1월 1일부터 20　년 12월 31일까지

경 기 도

(단위 : 원)

과 목	당해연도(20　년)					
	일반회계	기 타 특별회계	기 금	지방공기업 특별회계	내부거래	계
I. 인 건 비	883,766,371,069	2,240,593,909	·	674,146,846	·	886,681,111,824
급　　　　여	697,568,445,590	932,932,220	-	526,491,770	-	699,027,869,580
복 리 후 생 비	151,595,144,290	438,852,580	-	87,862,010	-	152,121,858,880
기 타 인 건 비	32,116,504,890	858,279,300	-	50,657,320	-	33,025,441,510
퇴 직 급 여	2,486,276,299	10,529,809	-	9,135,746	-	2,505,941,854
II. 운 영 비	878,558,743,735	1,012,264,923,077	6,596,722,749	133,854,143,079	(58,507,559,397)	1,972,766,973,243
도 서 구 입 및 인 쇄 비	4,878,218,632	2,876,000	50,150,000	-	-	4,931,244,632
소 모 품 비	25,677,564,009	45,336,100	71,677,640	-	-	25,794,577,749
홍 보 및 광 고 비	24,609,183,380	4,457,500	310,379,350	-	-	24,924,020,230
지 급 수 수 료	31,827,463,325	2,928,913,730	470,899,400	-	-	35,227,276,455
일반유형자산수선유지비	37,369,724,215	288,241,370	699,396,260	-	-	38,357,361,845
주민편의시설수선유지비	3,052,455,850	-	-	-	-	3,052,455,850
사회기반시설수선유지비	46,666,392,450					46,666,392,450
기타자산수선유지비	24,491,471,340		9,300,000	15,172,000	-	24,515,943,340
교 육 훈 련 비	10,491,072,380	11,266,860	-	-	-	10,502,339,240
제 세 공 과 금	19,379,286,750	24,193,040	-	-	-	19,403,479,790
보 험 료 및 공 제 료	6,132,648,203	55,034,799	-	-	-	6,187,683,002
임 차 료	6,506,531,625	162,693,380	-	-	-	6,669,225,005
출 장 비	14,736,834,235	69,839,100	12,238,250	50,516,350	-	14,869,427,935
연 구 개 발 비	14,923,148,840	-	22,000,000	-	-	14,945,148,840
이 자 비 용	43,561,393,973	-	3,685,959,970	91,473,553,512	(58,507,559,397)	80,213,348,058
업 무 추 진 비	6,982,018,399	9,463,040	-	28,747,680	-	7,020,229,119
행 사 비	11,444,668,634	17,506,910	155,492,760	-	-	11,617,668,304
의 회 비	10,172,529,678	-	-	-	-	10,172,529,678
위 탁 대 행 사 업 비	262,079,996,760	999,680,044,000	699,360,749	18,854,970,000	-	1,281,314,371,509
주민자치활동운영비	5,200,312,820	-	-	-	-	5,200,312,820
징 수 교 부 금	233,744,492,130	8,818,809,450	-	-	-	242,563,301,580
연 료 비	8,046,054,487	92,549,390	-	-	-	8,138,603,877
기 타 운 영 비	26,585,281,620	53,698,408	409,868,370	23,431,183,537	-	50,480,031,935

(단위 : 원)

과 목	당해연도(20 년)					
	일반회계	기 타 특별회계	기 금	지방공기업 특별회계	내부거래	계
III. 정부간이전비용	13,189,640,813,710	392,733,582,000	20,314,489,000	-	-	13,602,688,884,710
시 도 비 보 조 금	7,593,590,330,290	59,242,839,000	20,264,489,000	-	-	7,673,097,658,290
시 군 조 정 교 부 금	3,091,101,248,000	-	-	-	-	3,091,101,248,000
지방자치단체간부담금	98,468,062,000	-	-	-	-	98,468,062,000
국 가 에 대 한 부 담 금	1,183,738,840	45,190,743,000	-	-	-	46,374,481,840
교육비특별회계전출금	2,399,850,012,580	288,300,000,000	50,000,000	-	-	2,688,200,012,580
교육기관운영비보조금	5,447,422,000	-	-	-	-	5,447,422,000
IV. 민간등이전비용	1,793,685,371,170	10,557,500,920	439,079,945,299	900,000,000	(1,316,360,218,710)	927,862,598,679
민 간 보 조 금	440,904,991,450	-	2,591,846,270	900,000,000	-	444,396,837,720
민 간 장 학 금	4,288,622,300	-	198,000,000	-	-	4,486,622,300
이 차 보 전 금	-	-	27,280,966,289	-	-	27,280,966,289
출 연 금	368,291,970,000	-	-	-	-	368,291,970,000
전 출 금 비 용	900,335,322,000	10,557,500,920	405,467,395,790	-	(1,316,360,218,710)	-
지방공공기관보조금	74,300,764,070	-	906,545,400	-	-	75,207,309,470
기 타 이 전 비 용	5,563,701,350	-	2,635,191,550	-	-	8,198,892,900
V. 기타비용	174,449,845,207	633,336,619	3,225,899,079	6,159,831,595	-	184,468,912,500
자 산 처 분 손 실	4,869,244,564	-	-	-	-	4,869,244,564
자 산 손 상 차 손	1,156,431,294	-	-	-	-	1,156,431,294
일반유형자산감가상각비	70,382,490,387	499,978,302	461,559,800	6,159,831,595	-	77,503,860,084
주민편의시설감가상각비	14,402,151,405	-	-	-	-	14,402,151,405
사회기반시설감가상각비	1,656,623,723	-	-	-	-	1,656,623,723
무 형 자 산 상 각 비	7,286,461,575	54,216	127,571,567	-	-	7,414,087,358
대 손 상 각 비	44,341,599,144	133,304,101	2,636,767,712	-	-	47,111,670,957
기 타 비 용	30,354,843,115	-	-	-	-	30,354,843,115
VI. 비용총계	16,920,101,144,891	1,418,429,936,525	469,217,056,127	141,588,121,520	(1,374,867,778,107)	17,574,468,480,956

경 기 도　　　　　　　　　　　　　　　　　　　　　　　　　　　　　　(단위 : 원)

과 목	당해연도(20 년)					
	일반회계	기 타 특별회계	기 금	지방공기업 특 별 회 계	내부거래	계
VII. 자체조달수익	10,604,849,673,321	308,691,166,156	39,042,107,618	170,519,581,066	(58,507,559,397)	11,064,594,968,764
지 방 세 수 익	10,338,961,112,550	-			-	10,338,961,112,550
경 상 세 외 수 익	93,871,670,221	5,987,038,906	37,016,318,219	160,823,224,512	(58,507,559,397)	239,190,692,461
임 시 세 외 수 익	172,016,890,550	302,704,127,250	2,025,789,399	9,696,356,554	-	486,443,163,753
VIII. 정부간이전수익	6,928,427,413,373	849,017,289,190	7,131,473,807		-	7,784,576,176,370
지 방 교 부 세 수 익	319,652,309,000	-			-	319,652,309,000
국 고 보 조 금 수 익	6,302,475,815,563	767,850,965,250			-	7,070,326,780,813
시도비보조금반환금수익	48,058,781,350	3,077,473,940	2,093,473,807		-	53,229,729,097
자치단체간부담금수익	258,240,507,460	78,088,850,000	5,038,000,000		-	341,367,357,460
IX. 기타수익	982,975,997,198	298,766,687,377	601,893,287,662		(1,316,360,218,710)	567,275,753,527
전 입 금 수 익	978,913,158,820	298,763,890,000	601,571,432,000		(1,316,360,218,710)	562,888,262,110
기 부 금 수 익	9,000,000	-	-	-	-	9,000,000
대 손 충 당 금 환 입	51,579,237	2,797,377	321,855,662	-	-	376,232,276
기 타 수 익	4,002,259,141	-	-	-	-	4,002,259,141
X. 수익총계	18,516,253,083,892	1,456,475,142,723	648,066,869,087	170,519,581,066	(1,374,867,778,107)	19,416,446,898,661
XI. 재정운영결과 (VI-X)	(1,596,151,939,001)	(38,045,206,198)	(178,849,812,960)	(28,931,459,546)	-	(1,841,978,417,705)

주민 1인당 자체조달수익

= 자체조달수익 ÷ 주민 수 = 11조 646억 원 ÷ 1,272만 명 = 87
만 원

그러나 '주민 1인당 자체조달수익'이 87만 원이라는 결과만 가
지고는 경기도의 수준이 어느 정도인지 평가하기는 매우 어렵다.

따라서 반드시 17개 광역지방정부 끼리 비교를 하거나, 경기도
자체의 연도별 비교를 해야만 의미 있는 평가를 할 수 있다. 이러
한 개념은 다른 핵심지표에도 모두 동일하게 적용된다.

② 주민 1인당 정부지원수익

'주민 1인당 정부지원수익'은 재정운영표의 정부간이전수익
항목 중 지방교부세와 국고보조금을 합한 금액을 주민 수로 나
눈 값이다.

경기도의 20×3회계연도 재정운영표의 정부간이전수익 항목
중 지방교부세와 국고보조금은 각각 3,196억 원과 7조 703억 원
으로 총 7조 3,899억 원이다. 이를 주민 수 1,272만 명으로 나눈
경기도의 주민 1인당 정부지원수익은 58만 원이다.

주민 1인당 정부지원수익

= 정부지원수익 ÷ 주민 수

= (지방교부세 + 국고보조금) ÷ 주민 수

= 7조 3,899억 원 ÷ 1,272만 명 = 58만 원

③ 공무원 1인당 인건비

'공무원 1인당 인건비'는 재정운영표의 인건비 항목을 공무원 수로 나눈 값이다. 경기도의 20×3회계연도 재정운영표의 인건비는 8,866억 원이며, 공무원 수는 11,035명이다. 산식결과 경기도의 공무원 1인당 인건비는 8,034만 원이다.

공무원 1인당 인건비

= 인건비 ÷ 공무원 수 = 8,867억 원 ÷ 11,035명 = 8,034만 원

④ 공무원 1인당 운영비

'공무원 1인당 운영비'는 재정운영표의 운영비 항목을 공무원

수로 나눈 값이다. 경기도의 20×3회계연도 재정운영표의 운영비는 1조 9,727억 원이며, 공무원 수는 11,035명이다. 산식결과 경기도의 공무원 1인당 운영비는 17,877만 원이다.

공무원 1인당 운영비

= 운영비 ÷ 공무원 수 = 1조 9,727억 원 ÷ 11,035명 = 17,877만 원

⑤ 주민 1인당 기초지방자치단체 지원금

'주민 1인당 기초지방자치단체 지원금'은 재정운영표의 정부간이전비용 항목 중 시·도비보조금과 시·군조정교부금을 합한 금액을 주민 수로 나눈 값이다.

경기도의 20×3회계연도 재정운영표의 정부간이전비용 항목 중 시·도비보조금과 시·군조정교부금은 각각 7조 6,730억 원과 3조 911억 원으로 총 10조 7,641억 원이다. 이를 주민 수 1,272만 명으로 나눈 경기도의 주민 1인당 기초지방자치단체 지원금은 85만 원이다.

주민 1인당 기초지방자치단체 지원금

= (시·도비보조금 + 시·군조정교부금) ÷ 주민 수

= 10조 7,641억 원 ÷ 1,272만 명 = 85만 원

⑥ 초·중·고 학생 1인당 교육지원금

'초·중·고 학생 1인당 교육지원금'은 재정운영표의 정부간이전비용 항목 중 교육비특별회계 전출금과 교육기관운영비 보조금을 합한 금액을 초·중·고 학생 수로 나눈 값이다.

경기도의 20×3회계연도 재정운영표의 정부간이전비용 항목 중 교육비특별회계 전출금과 교육기관운영비 보조금은 각각 2조 6,882억 원과 54억으로 총 2조 6,936억 원이다. 이를 초·중·고 학생 수 155만 명으로 나눈 경기도의 초·중·고 학생 1인당 교육 지원금은 174만 원이다.

초·중·고 학생 1인당 교육지원금

=(교육비특별회계전출금+교육기관운영비보조금)÷초·중·고생 수

= 2조 6,936억 원 ÷ 155만 명 = 174만 원

⑦ 주민 1인당 사회보장지원금

'주민 1인당 사회보장지원금'은 재정운영표의 민간 등 이전비용 항목 중 민간보조금을 주민 수로 나눈 값이다. 경기도의 20×3회계연도 재정운영표상 민간보조금은 4,443억 원이며, 이를 주민 수 1,272만 명으로 나눈 경기도의 주민 1인당 사회보장지원금은 3만 원이다.

주민 1인당 사회보장지원금

= 민간보조금 ÷ 주민 수 = 4,443억 원÷1,272명 = 3만 원

경기도 재정상태표 핵심지표 값 산출 방법

경기도의 20×3회계연도 재정상태표는 다음과 같다. 재정상태표와 관련된 3개 핵심지표에 대한 값을 산출해보면 다음과 같다.

① 주민 1인당 총부채액

'주민 1인당 총부채액'은 재정상태표의 부채액과 출자지방공기업의 부채액을 합한 금액을 주민 수로 나눈 값이다.

재 정 상 태 표

당해연도 20 년 12월 31일 현재
직전연도 20 년 12월 31일 현재

경 기 도

(단위 : 원)

| 과 목 | 당해연도(20 년) | | | | | |
	일반회계	기 타 특별회계	기 금	지방공기업 특별회계	내부거래	계
자 산						
1. 유동자산	2,301,966,333,222	700,387,075,742	1,366,709,217,059	2,819,414,625,547	(285,868,130,790)	6,902,609,120,780
현금및현금성자산(주2)	2,074,671,210,069	214,667,131,050	1,143,408,182,444	801,953,481,836	-	4,234,700,005,399
단기금융상품(주2)	-	-	14,243,194,860	1,426,800,000,000	-	1,441,043,194,860
미수세금(주3)	211,303,018,070	-	-	-	-	211,303,018,070
(미수세금대손충당금)(주3)	(36,136,479,869)	-	-	-	-	(36,136,479,869)
미수세외수입금(주4)	11,015,371,090	490,545,878,830	4,566,200	1,520,291,542	-	503,086,107,662
(미수세외수입금대손충당금)(주4)	(954,006,505)	(4,936,326,646)	(45,662)	-	-	(5,890,378,813)
미수징수교부금	431,958,140	-	-	-	-	431,958,140
미수정부간이전수익	2,881,186,300	-	16,550	-	-	2,881,202,850
단기대여금(주5)	4,000,000,000	-	210,941,269,289	363,990,400,000	(258,160,000,000)	320,771,669,289
단기대여금대손충당금	(40,000,000)	-	(2,109,412,692)	-	-	(2,149,412,692)
재고자산(주6,10)	4,710,600	-	-	171,295,193,693	-	171,299,904,293
기타유동자산(주7)	34,789,365,327	110,392,508	221,446,070	53,855,258,476	(27,708,130,790)	61,268,331,591
2. 투자자산	1,524,776,951,860	-	686,841,524,998	2,343,541,200,000	(1,357,420,792,517)	3,197,738,884,341
장기금융상품(주2)	-	-	-	-	-	-
장기대여금(주5)	61,737,800,260	-	688,889,472,959	1,548,304,800,000	(1,089,393,000,000)	1,209,539,073,219
장기대여금대손충당금	(239,109,917)	-	(7,047,947,961)	-	-	(7,287,057,878)
장기투자증권(주8)	1,191,110,359,000	-	-	795,236,400,000	-	1,986,346,759,000
기타투자자산(주9)	272,167,902,517	-	5,000,000,000	-	(268,027,792,517)	9,140,110,000

경 기 도 　　　　　　　　　　　　　　　　　　　　　　　　　　　　(단위 : 원)

과　목	당해연도(20　년)					
	일반회계	기　타 특별회계	기　금	지방공기업 특별회계	내부거래	계
3. 일반유형자산	2,975,832,493,858	2,254,254,114	2,642,137,279	302,049,254,012	-	3,282,778,139,263
토　지	2,085,362,033,754	-	-	71,473,525,847	-	2,156,835,559,601
입　목	7,543,562,160	824,000	-	-	-	7,544,386,160
건　물	744,418,396,150	201,318,171	-	246,043,379,100	-	990,663,093,421
(건물감가상각누계액)	(242,691,733,245)	(201,314,171)	-	(15,490,258,146)	-	(258,383,305,562)
구 축 물	68,710,095,163	195,202,795	-	-	-	68,905,297,958
(구축물감가상각누계액)	(39,131,405,281)	(36,853,783)	-	-	-	(39,168,259,064)
기계장치	8,334,583,650	50,267,150	-	-	-	8,384,850,800
(기계장치감가상각누계액)	(5,701,676,006)	(1,675,571)	-	-	-	(5,703,351,577)
차량운반구	317,125,902,218	7,447,603,520	-	15,268,550	-	324,588,774,288
(차량운반구감가상각누계액)	(231,297,051,277)	(5,567,103,355)	-	(15,268,550)	-	(236,879,423,182)
집기비품	428,483,742,211	324,456,570	4,266,629,470	174,235,673	-	433,249,063,924
(집기비품감가상각누계액)	(296,346,291,169)	(158,471,212)	(1,624,492,191)	(151,628,462)	-	(298,280,883,034)
기타일반유형자산	-	-	-	33,247,000	-	33,247,000
(기타일반유형자산감가상각누계액)	-	-	-	(33,247,000)	-	(33,247,000)
건설중인일반유형자산	131,022,335,530	-	-	-	-	131,022,335,530
4. 주민편의시설	1,130,510,957,605	-	-	-	-	1,130,510,957,605
공　원	83,978,257,452	-	-	-	-	83,978,257,452
(공원감가상각누계액)	(5,783,049,712)	-	-	-	-	(5,783,049,712)
박물관및미술관	120,464,063,446	-	-	-	-	120,464,063,446
(박물관및미술관감가상각누계액)	(20,304,125,192)	-	-	-	-	(20,304,125,192)
수목원및휴양림	137,779,004,349	-	-	-	-	137,779,004,349
(수목원및휴양림감가상각누계액)	(4,886,316,152)	-	-	-	-	(4,886,316,152)
문화및관광시설	280,514,255,847	-	-	-	-	280,514,255,847
(문화및관광시설감가상각누계액)	(19,948,727,456)	-	-	-	-	(19,948,727,456)

과 목	당해연도(20 년)					
	일반회계	기 타 특별회계	기 금	지방공기업 특별회계	내부거래	계
체육시설	32,350,288,580	-	-	-	-	32,350,288,580
(체육시설감가상각누계액)	(2,776,991,582)	-	-	-	-	(2,776,991,582)
사회복지시설	89,755,041,170	-	-	-	-	89,755,041,170
(사회복지시설감가상각누계액)	(11,334,212,245)	-	-	-	-	(11,334,212,245)
의료시설	165,608,812,191	-	-	-	-	165,608,812,191
(의료시설감가상각누계액)	(20,452,327,111)	-	-	-	-	(20,452,327,111)
교육시설	257,713,120,530	-	-	-	-	257,713,120,530
(교육시설감가상각누계액)	(34,687,141,164)	-	-	-	-	(34,687,141,164)
기타주민편의시설	47,033,902,550	-	-	-	-	47,033,902,550
(기타주민편의시설감가상각누계액)	(5,248,753,166)	-	-	-	-	(5,248,753,166)
건설중인주민편의시설	40,735,855,270	-	-	-	-	40,735,855,270
5. 사회기반시설	20,837,200,003,936	-	-	-	-	20,837,200,003,936
도 로	17,336,875,701,002	-	-	-	-	17,336,875,701,002
도로사용수익권	(930,767,189,404)	-	-	-	-	(930,767,189,404)
하천부속시설	2,655,229,835,958	-	-	-	-	2,655,229,835,958
농수산기반시설	9,059,991,720	-	-	-	-	9,059,991,720
(농수산기반시설감가상각누계액)	(90,273,989)	-	-	-	-	(90,273,989)
어항및항만시설	98,389,278,220	-	-	-	-	98,389,278,220
(어항및항만시설감가상각누계액)	(14,001,789,803)	-	-	-	-	(14,001,789,803)
건설중인사회기반시설	1,682,504,450,232	-	-	-	-	1,682,504,450,232
6. 기타비유동자산	104,863,190,454	21,842,194	140,337,909	658,000,000	-	105,683,370,557
보 증 금(주13)	9,736,422,100	546,000			-	9,736,968,100
무형자산(주14)	74,555,990,137	1,254,784	140,337,909	658,000,000	-	75,355,582,830
기타비유동자산(주15)	20,570,778,217	20,041,410			-	20,590,819,627
자 산 총 계	28,875,149,930,935	702,663,172,050	2,056,333,217,245	5,465,663,079,559	(1,643,288,923,307)	35,456,520,476,482

과 목	당해연도(20 년)					
	일반회계	기 타 특별회계	기 금	지방공기업 특별회계	내부거래	계
부 채						
1. 유동부채	617,466,190,461	768,280,770	·	940,131,748,133	(285,868,130,790)	1,272,498,088,574
유동성장기차입부채[주18,19]	169,560,000,000	-		777,964,380,000	(258,160,000,000)	689,364,380,000
기타유동부채[주17]	447,906,190,461	768,280,770		162,167,368,133	(27,708,130,790)	583,133,708,574
2. 장기차입부채	858,075,000,000	·		2,879,517,285,000	(1,089,393,000,000)	2,648,199,285,000
장기차입금[주18]	858,075,000,000	-		231,318,000,000	(1,089,393,000,000)	-
지방채증권[주19]	·	-		2,648,199,285,000	-	2,648,199,285,000
3. 기타비유동부채	398,053,617,834	25,334,519	·	130,442,795,651	·	528,521,748,004
퇴직급여충당부채[주20]	7,551,116,712	5,293,109	-	35,716,080	-	7,592,125,901
기타비유동부채[주21]	390,502,501,122	20,041,410	-	130,407,079,571	-	520,929,622,103
부 채 총 계	1,873,594,808,295	793,615,289	·	3,950,091,828,784	(1,375,261,130,790)	4,449,219,121,578
순 자 산	-					
1. 고정순자산[주22]	23,989,931,178,023	2,255,508,898	2,782,475,188	302,707,254,012	-	24,297,676,416,121
2. 특정순자산[주22]	·	·	2,053,550,742,057	·	-	2,053,550,742,057
3. 일반순자산[주22]	3,011,623,944,617	699,614,047,863	-	1,212,863,996,763	(268,027,792,517)	4,656,074,196,726
순 자 산 총 계	27,001,555,122,640	701,869,556,761	2,056,333,217,245	1,515,571,250,775	(268,027,792,517)	31,007,301,354,904
부채및순자산총계	28,875,149,930,935	702,663,172,050	2,056,333,217,245	5,465,663,079,559	(1,643,288,923,307)	35,456,520,476,482

경기도의 20×3회계연도 재정상태표의 부채액은 4조 4,492억 원이고 출자지방공기업의 부채액은 5조 8,870억 원으로 총부채액은 10조 3,362억 원이다. 이를 주민 수 1,272만 명으로 나눈 경기도의 주민 1인당 총부채액은 81만 원이다.

주민 1인당 총부채액

= 총부채액 ÷ 주민 수

= (재정상태표 부채액 + 출자지방공기업 부채액) ÷ 주민 수

= (4조 4,492억 원 + 5조 8,870억 원) ÷ 1,272만 명 = 81만 원

---

② 주민 1인당 주민편의시설

'주민 1인당 주민편의시설'은 재정상태표의 주민편의시설 항목을 주민 수로 나눈 값이다. 경기도의 20×3회계연도 재정상태표의 주민편의시설은 1조 1,305억 원이며, 이를 주민 수 1,272만 명으로 나눈 경기도의 주민 1인당 주민편의시설은 8.9만 원이다.

주민 1인당 주민편의시설

=주민편의시설÷주민 수=1조 1,305억 원÷1,272만 명=8.9만 원

③ 주민 1인당 사회기반시설

'주민 1인당 사회기반시설'은 재정상태표의 사회기반시설 항목을 주민 수로 나눈 값이다. 경기도의 20×3회계연도 재정상태표의 사회기반시설은 20조 8,372억 원이며, 이를 주민 수 1,272만 명으로 나눈 경기도의 주민 1인당 사회기반시설은 164만 원이다.

주민 1인당 사회기반시설

=사회기반설÷주민 수=20조 8,372억 원÷1,272만 명=164만 원

17개 광역지방자치단체 핵심지표 분석 결과 및 순위

경기도와 마찬가지로 나머지 16개 광역지방정부(시·도)에 대해 20×3회계연도 재정운영표(성질별)와 재정상태표를 활용해 10개

핵심지표에 대한 분석을 한 결과는 다음과 같다.

다만 세종시와 제주도의 경우는 소속 기초지방자치단체가 없기 때문에 핵심지표 중 기초지방자치단체지원비 항목도 없는 것이다.

경기도를 포함한 17개 광역자치단체의 20×3회계연도의 핵심지표 분석 결과를 비교 평가해 그 의미를 살펴보면 다음과 같다.

먼저 경기도의 경우 재정자립능력을 보여주는 '주민 1인당 자체조달수익'은 87만 원으로 17개 광역지방정부 중 10위 순위로 중간 수준이다. 중앙정부로부터 받는 재정지원 정도를 보여주는 '주민 1인당 정부지원수익'은 58만 원으로 16위였다.

'공무원 1인당 인건비'와 '공무원 1인당 운영비'는 각각 8,034만 원과 1억 7,877억 원으로 17위와 11위를 차지해 재정지출 낭비성 요인이 다른 광역지방정부에 비해 적었다.

또한 소속 기초지방자치단체에 대한 재정지원 정도를 보여주는 '주민 1인당 기초지방자치단체지원금'은 85만 원으로 15위를 차지해 기초지방자치단체에 대한 경기도의 재정지원이 매우 인색함을 보여주었다.

'초·중·고 학생 1인당 교육지원금'은 174만 원으로 6위를 차지해 경기도의 초·중·고 교육재정지원은 중상위 수준이었다. 주민에 대한 복지 재정지원 정도를 보여주는 '주민 1인당 사회보장지원금'은 3만5천 원으로 16위를 차지해 최하위권 이었는데, 이는 경기도가 복지 재정지원에도 매우 인색함을 보여주는 것이다.

재정 건전성을 보여주는 '주민 1인당 총부채액'은 81만 원으로 17개 광역지방정부 중 12위를 차지할 만큼 낮았다. 이는 경기도가 재정운영을 부채 제로(채무 제로)에만 포커스를 맞춰 매우 보수적으로 운영함을 보여주고 있다.

같은 수도권인 서울의 경우는 '주민 1인당 총부채액'이 288만 원으로 경기도의 3.6배에 해당할 만큼 부채가 많다. 물론 경기도가 부채 수준을 서울과 똑같이 해야 한다는 것은 아니지만, 추가 부채를 통한 재원 조달 여지가 있기 때문에 이를 통해 확장재정 지출을 함으로서 지역경제를 살리고 복지나 주민편의시설, 사회기반시설 등에 적극 투자할 필요성이 있다는 것이다.

실제로 분석 결과 경기도의 주민편의시설과 사회기반시설에 대한 투자도 최하위 수준이었다. 주민편의시설에 대한 재정지출 정도를 보여주는 '주민 1인당 주민편의시설' 규모는 8만9천 원으로 14위 최하위권이었으며, 교통 등 사회기반시설에 대한 재정지출 정도인 '주민 1인당 사회기반시설' 규모도 164만 원으로 17개 광역지방정부 중 가장 꼴찌인 17위를 차지했다.

경상남도의 경우도 경기도와 재정운영 형태가 거의 비슷했다. '주민 1인당 자체조달수익'은 80만 원으로 13위를 차지했으며,

'주민 1인당 정부지원수익'은 131만 원으로 중위권인 9위를 차지했다. '공무원 1인당 인건비'와 '공무원 1인당 운영비'는 각각 8,217만 원과 1억 8,027만 원으로 16위와 10위를 차지해 재정지출 낭비성 요인은 상대적으로 적었다. '주민 1인당 기초지방자치단체 지원금'은 137만 원으로 7위를 차지해 중상위권이었으며, '초·중·고 학생 1인당 교육지원금'은 145만 원으로 10위를 차지해 중하위권 이었다.

특히 주목할 분석 결과는 경상남도가 17개 광역지방정부 중 가장 보수적으로 재정 운영을 했다는 것이다. '주민 1인당 총부채액'이 40만 원으로 17개 광역지방정부 중 17위를 차지해 가장 낮았다.

이는 단순 논리상 경상남도가 '주민 1인당 자체조달수익'이 13위 수준이었기 때문에 최소한 13위인 4단계 만큼의 부채를 통한 재원조달을 통해 복지, 주민편의시설, 사회기반시설 등에 지출할 수 있었음에도 불구하고 하지 않았다는 것이다.

실제 분석 결과도 예상대로 '주민 1인당 사회보장지원금', '주민 1인당 주민편의시설'이 각각 2만4천 원, 8만 원으로 17위와 16위를 차치해 꼴찌 수준이었다. 또한 '주민 1인당 사회기반시설'도 495만 원으로 15위를 차지해 최하위 수준이었다.

17개 광역자치단체 핵심지표 분석 결과 및 순위

구분 (금액:만원)		① 주민 1인당 자체조달 수익	② 주민 1인당 정부지원 수익	③ 공무원 1인당 인건비	④ 공무원 1인당 운영비	⑤ 주민 1인당 기초지방 정부지원금	⑥ 초·중·고 학생 1인당 교육지원금	⑦ 주민 1인당 사회보장 민간지원금	⑧ 주민 1인당 총부채액	⑨ 주민 1인당 주민편의 시설	⑩ 주민 1인당 사회기반 시설
전체 평균 금액 (만원)		121 만원	107 만원	8,937 만원	19,994 만원	115 만원	189 만원	13 만원	150 만원	107 만원	606 만원
경기	금액	87	58	8,034	17,877	85	174	3.5	81	8.9	164
	순위	10위	16위	17위	11위	15위	6위	16위	12위	14위	17위
서울	금액	201	40	9,429	27,957	94	334	16.6	288	230	720
	순위	3위	17위	4위	1위	13위	2위	8위	2위	3위	11위
인천	금액	169	85	8,729	25,128	92	193	18.6	377	334	767
	순위	4위	14위	8위	2위	14위	5위	5위	1위	1위	10위
부산	금액	137	107	9,159	23,918	106	206	18.2	196	159	799
	순위	6위	13위	6위	4위	8위	4위	6위	3위	6위	8위
대전	금액	114	109	9,631	20,773	96	141	10	104	218	868
	순위	9위	12위	3위	5위	11위	11위	11위	8위	4위	4위
대구	금액	123	110	8,902	20,698	101	168	20.9	128	138	772
	순위	8위	11위	7위	6위	10위	8위	4위	6위	8위	9위
광주	금액	125	124	9,669	19,188	105	173	26.2	116	145	829
	순위	7위	10위	2위	8위	9위	7위	3위	7위	7위	5위
울산	금액	156	79	9,194	19,614	96	160	13.3	104	97	805
	순위	5위	15위	5위	7위	11위	9위	9위	8위	9위	7위
충북	금액	68	161	8,662	7,022	158	110	16.7	72	24	459
	순위	15위	7위	9위	17위	6위	15위	7위	13위	12위	16위
충남	금액	81	167	8,284	12,133	165	141	3.8	93	38	498
	순위	12위	6위	14위	15위	5위	11위	15위	11위	11위	14위
전북	금액	57	21	8,661	16,571	183	94	10.3	67	8.7	646
	순위	17위	4위	10위	12위	4위	17위	10위	15위	15위	12위
전남	금액	64	258	8,292	16,318	225	106	7.1	94	23	980
	순위	16위	2위	13위	13위	1위	16위	13위	10위	13위	3위
경북	금액	76	190	8,435	15,642	188	120	5.1	69	7	829
	순위	14위	5위	11위	14위	2위	13위	14위	14위	17위	5위
경남	금액	80	131	8,217	18,027	137	145	2.4	40	8	495
	순위	13위	9위	16위	10위	7위	10위	17위	17위	16위	15위
강원	금액	83	236	8,310	11,872	187	112	7.8	148	70	645
	순위	11위	3위	12위	16위	3위	14위	12위	5위	10위	13위
세종	금액	301	150	8,237	23,961	–	357	73.8	42	206	1,103
	순위	1위	8위	15위	3위	–	1위	2위	16위	5위	2위
제주	금액	273	359	11,425	18,896	–	266	144.9	191	333	2,569
	순위	2위	1위	1위	9위	–	3위	1위	4위	2위	1위

결산재무제표 핵심지표 연도별 추세 분석 사례

이제 경기도와 경상남도 사례를 통해 20×0회계연도부터 20×3년 회계연도까지 재정상태표와 재정운영표에 대한 핵심지표의 연도별 추세를 분석해보겠다.

경기도 핵심지표 연도별 추세 분석

경기도의 20×0~20×3회계연도에 대한 핵심지표 연도별 추세 분석 결과는 다음과 같다.

먼저 재정자립능력을 보여주는 '주민 1인당 자체조달수익'은 매년 증가해 20×0년 64만 원에서 20×3년 87만 원으로 36%인 23만 원이나 증가했다. 또한 재정 건전성을 보여 주는 '주민 1인당 총부채액'도 20×0년 105만 원에서 20×3년 81만 원으로 23%인 24만 원이나 줄었다.

그러나 '주민 1인당 사회보장지원금', '주민 1인당 주민편의시설', '주민 1인당 사회기반시설'은 각각 20×0년 3만4천 원, 9만2천 원, 169만 원에서 20×3년 3만5천 원, 8만9천 원, 164만 원으로 제자리 수준이거나 오히려 감소했다.

이는 경기도가 매년 재정자립능력은 증대하고 부채는 감소함으로서 부채를 통한 재원조달 능력이 있음에도 불구하고, 주민

경기도 핵심지표 연도별 추세 분석 결과

핵심지표(단위: 만 원)	20×0년	20×1년	20×2년	20×3년	20×0년 대비 20×3년 증감액
① 주민 1인당 자체조달수익	64	69	84	87	+ 23만 원
② 주민 1인당 정부지원수익	45	49	57	58	+ 13만 원
③ 공무원 1인당 인건비	7,340	7,753	7,667	8,034	+ 694만 원
④ 공무원 1인당 운영비	15,660	15,344	16,613	17,877	+ 2,217만 원
⑤ 주민 1인당 기초지방자치단체지원금	65	73	83	85	+ 20만 원
⑥ 초 · 중 · 고 1인당 교육지원금	136	129	150	174	+ 38만 원
⑦ 주민 1인당 사회보장민간지원금	3.4	3.4	3.7	3.5	+ 0.1만 원
⑧ 주민 1인당 총부채	105	102	98	81	-24만 원
⑨ 주민 1인당 주민편의시설	9.2	9.1	9.1	8.9	- 0.3만 원
⑩ 주민 1인당 사회기반시설	169	162	161	164	- 5만 원

삶의 질을 위한 복지, 주민편의시설, 사회기반시설에는 충분한 재정지원을 하지 않음을 보여준다.

경상남도 핵심지표 연도별 추세 분석

경상남도의 핵심지표 연도별 추세 분석 결과도 경기도와 재정 운영 형태가 거의 비슷했다.

재정자립능력을 보여주는 '주민 1인당 자체조달수익'은 매년

경상남도 핵심지표 연도별 추세 분석 결과

핵심지표(단위: 만 원)	20×0년	20×1년	20×2년	20×3년	20×0년 대비 20×3년 증감액
① 주민 1인당 자체조달수익	64	79	83	80	+ 16만 원
② 주민 1인당 정부지원수익	107	113	120	131	+ 24만 원
③ 공무원 1인당 인건비	8.738	8,289	8,318	8,217	− 521만 원
④ 공무원 1인당 운영비	17,490	16,969	17,309	18,027	+ 537만 원
⑤ 주민 1인당 기초지방자치단체지원금	115	120	137	137	+ 22만 원
⑥ 초 · 중 · 고 1인당 교육지원금	108	102	155	145	+ 37만 원
⑦ 주민 1인당 사회보장민간지원금	2.2	2.3	3.1	2.4	+ 0.2만 원
⑧ 주민 1인당 총부채	53	42	50	40	− 13만 원
⑨ 주민 1인당 주민편의시설	6.9	7	7.7	8	+ 1.1만 원
⑩ 주민 1인당 사회기반시설	513	479	486	495	− 18만 원

증가해 20×0년 64만 원에서 20×3년 80만 원으로 25%인 16만 원이나 증가했으며, 재정 건전성을 보여주는 '주민 1인당 총부채액'은 20×0년 53만 원에서 20×3년 40만 원으로 25%인 13만 원이나 줄었다.

'초·중·고 학생 1인당 교육지원금'은 20×0년 108만 원에서 20×3년 145만 원으로 34%나 급증했는데 이는 경상남도의 초 ·중·고 학생 수가 20×0년 44만 2천 명에서 20×3년 40만 2천 명으로 9% 감소한 결과이지 재정지출 규모가 증가해서 그런 것은 아니었다.

'주민 1인당 사회보장지원금', '주민 1인당 주민편의시설', '주민 1인당 사회기반시설'은 20×0년 2만 2천 원, 6만 9천 원, 513만 원에서 20×3년 2만 4천 원, 8만 원, 495만 원으로 제자리 수준이거나 오히려 감소했다.

경상남도의 경우도 재정자립능력 증가 비율만큼 부채도 동일 비율로 감소함으로서 부채를 통한 추가 재원조달 능력이 있음에도 불구하고, 지나치게 재정 건전성에 포커스를 맞춤으로서 복지, 주민편의시설, 사회기반시설에는 충분한 재정지원이 이뤄지지 않고 있음을 보여주고 있다.

경기도와 경상남도 재정 및 예산 종합평가

본서의 최고 목적은 세입세출예산서나 결산재무제표를 활용해 지방자치단체 살림살이를 한눈에 전체적으로 파악하는 방법과 능력을 배워보고자 하는 것이다.

이제 마지막 최종 단계로 이미 앞에서 분석했던 17개 광역자치단체의 결산재무제표 핵심지표 분석과 연도별 추세 분석 결과를 통한 경기도와 경상남도의 재정 및 예산에 대한 전반적인 종합평가를 해 볼 것이다.

이를 통해 과연 내가 살고 있는 광역자치단체가 재정과 예산을 얼마나 효과적이고 효율적으로 운영하고 있는지, 그리고 앞으로 주민의 삶의 질 향상과 미래 지향적인 재정과 예산을 위해서는 재정운영이 어떻게 바뀌어야만 하는지를 구체적으로 파악해 볼 수 있을 것이다.

경기도와 경상남도의 재정 및 예산 살림에 대한 종합평가 결과는 다음과 같다. 이를 통해 독자들은 경기도와 경상남도의 재정운영에 무엇이 문제이고, 어떻게 바뀌어야 하는지를 한눈에 파악할 수 있을 것이다.

경기도 재정 및 예산 종합평가

경기도 재정 및 예산 종합평가

1. 재정자립능력과 재정 건전성 수준

① 주민 1인당 자체조달수익(87만 원)

- 〈의미〉 : 재정자립능력 수준

- 17개 광역시·도 중 10위로 중간 수준

- 20×0년 64만 원에서 20×3년 87만 원으로 증가(36% 증가)

② 주민 1인당 총부채액(81만 원)

- 〈의미〉: 재정건전성 수준

- 17개 광역시·도 중 12위로 부채가 낮아 상당히 양호

- 20×0년 105만 원에서 20×3년 81만 원으로 감소(23% 감소)

2. 정부지원수익, 인건비 및 운영비, 기초자치단체지원 수준

① 주민 1인당 정부지원수익(58만 원)

- 〈의미〉: 국고보조금 등 중앙정부지원 받는 수준

- 17개 광역시·도 중 16위

- 20×0년 45만 원에서 20×3년 58만 원으로 증가(28% 증가)

② 공무원 1인당 인건비(8,034만 원)

- 〈의미〉: 공무원 등 인건비 지급 수준

- 17개 광역시·도 중 17위

- 20×0년 7,340만 원에서 20×3년 8,034만 원으로 증가(9.5% 증가)

③ 공무원 1인당 운영비(1억 7,877만 원)

- 〈의미〉: 홍보 및 행사비, 업무추진비, 의회비 등 운영비 사용 수준

- 17개 광역시·도 중 11위

- 20×0년 1억 5,660만 원에서 20×3년 1억 7,877만 원으로 증가(14% 증가)

④ 주민 1인당 기초지방자치단체 지원금(85만 원)

- 〈의미〉: 소속 기초지방자치단체 지원 수준

- 17개 광역시·도 중 최하위권 15위

- 20×0년 65만 원에서 20×3년 85만 원으로 증가(30.7% 증가)

3. 교육, 복지, 주민편의시설, 사회기반시설지원 수준

① 초·중·고 학생 1인당 교육지원금(174만 원)

- 〈의미〉: 초·중·고 교육 지원 수준

- 17개 광역시·도 중 6위

- 20×0년 136만 원에서 20×3년 174만 원으로 증가(27.9% 증가)

② 주민 1인당 사회보장민간지원금(3만 5천 원)

- 〈의미〉: 복지 등 사회보장 지원 수준

- 17개 광역시·도 중 최하위권 16위

- 20×0년 3만 4천 원에서 20×3년 3만 5천 원으로 거의 제자리 수준(2.9% 증가)

③ 주민 1인당 주민편의시설 규모(8만9천 원)

- 〈의미〉: 도서관, 주차장, 체육시설 등 주민편의시설 확보 수준

- 17개 광역시·도 중 최하위권 14위

- 20×0년 9만 2천 원에서 20×3년 8만 9천 원으로 오히려 감소(3.2% 감소)

④ 주민 1인당 사회기반시설 규모(164만 원)

- 〈의미〉: 교통 등 사회기반시설 확보 수준

- 17개 광역시·도 중 최하위 17위

- 16위인 충북(459만 원)과 17위 경기도(164만 원) 간 295만 원 엄청난 격차

- 20×0년 169만 원에서 20×3년 164만 원으로 오히려 감소(3% 감소)

4. 종합평가 결과

① 경기도는 17개 광역시·도 중 재정자립능력은 중간 수준이며, 재정 건전성도 상당히 양호한 수준임.

② 그러나 소속 기초지방자치단체에 대한 재정지원은 15위, 복지 등 사회보장지원 수준은 16위, 주차장, 도서관 등 주민편의시설 확보수준은 14위, 교통 등 사회기반시설 확보수준은 17위로 최하위였음.

③ 특히 추세 분석 결과 이러한 상황이 개선되지 않고 제자리 수준이거나 오히려 더 악화되고 있음.

④ 향후 재정운영 방향은 재정자립능력과 재정 건전성을 고려했을시 부채를 통한 추가 재원조달 여지가 충분히 있기 때문에, 주민 삶의 질을 향상시킬 수 있는 복지, 주민편의시설, 사회기반시설에 집중적으로 투자하는 확장 재정을 펼칠 필요성이 있음.

경상남도 재정 및 예산 종합평가

경상남도 재정 및 예산 종합평가

1. 재정자립능력과 재정 건전성 수준

① 주민 1인당 자체조달수익(80만 원)

- 〈의미〉 : 재정자립능력 수준

- 17개 광역시·도 중 13위로 중하위 수준

- 20×0년 64만 원에서 20×3년 80만 원으로 증가(25% 증가)

② 주민 1인당 총부채액(40만 원)

- 〈의미〉 : 재정 건전성 수준

- 17개 광역시·도 중 17위로 부채가 매우 낮아 과다 양호

- 20×0년 53만 원에서 20×3년 40만 원으로 감소(24.5% 감소)

2. 정부지원수익, 인건비 및 운영비, 기초자치단체지원 수준

① 주민 1인당 정부지원수익(131만 원)

- 〈의미〉: 국고보조금 등 중앙정부지원 받는 수준

- 17개 광역시·도 중 9위

- 20×0년 107만 원에서 20×3년 131만 원으로 증가(22.4% 증가)

② 공무원 1인당 인건비(8,217만 원)

- 〈의미〉: 공무원 등 인건비 지급 수준

- 17개 광역시·도 중 16위

- 20×0년 8,738만 원에서 20×3년 8,217만 원으로 감소(5.9% 감소)

③ 공무원 1인당 운영비(1억 8,027만 원)

- 〈의미〉: 홍보 및 행사비, 업무추진비, 의회비 등 운영비 사용 수준

- 17개 광역시·도 중 10위

- 20×0년 1억 7,490만 원에서 20×3년 1억 8,027만 원으로 증가(3% 증가)

④ 주민 1인당 기초지방자치단체 지원금(137만 원)

- 〈의미〉: 소속 기초지방자치단체 지원 수준

- 17개 광역시·도 중 7위

– 20×0년 115만 원에서 20×3년 137만 원으로 증가(19% 증가)

3. 교육, 복지, 주민편의시설, 사회기반시설지원 수준

① 초·중·고 학생 1인당 교육지원금(145만 원)

– 〈의미〉 : 초·중·고 교육 지원 수준

– 17개 광역시·도 중 10위

– 20×0년 108만 원에서 20×3년 145만 원으로 증가(34% 증가)

– 초·중·고 학생 수가 44만 2천 명에서 40만 2천 명으로 감소한 결과임

② 주민 1인당 사회보장민간지원금(2만 4천 원)

– 〈의미〉 : 복지 등 사회보장 지원 수준

– 17개 광역시·도 중 최하위 17위

– 20×0년 2만 2천 원에서 20×3년 2만 4천 원으로 거의 제자리 수준(9% 증가)

③ 주민 1인당 주민편의시설 규모(8만 원)

– 〈의미〉 : 도서관, 주차장, 체육시설 등 주민편의시설 확보 수준

– 17개 광역시·도 중 최하위권 16위

– 20×0년 6만 9천 원에서 20×3년 8만 원으로 증가(15.9% 증가)

④ 주민 1인당 사회기반시설 규모(495만 원)

- 〈의미〉: 교통 등 사회기반시설 확보 수준
- 17개 광역시·도 중 최하위권 15위
- 20×0년 513만 원에서 20×3년 495만 원으로 오히려 감소 (3.5% 감소)

4. 종합평가 결과

① 경상남도는 17개 광역시·도 중 재정자립능력은 중하위권이나 부채 수준은 재정 건전성을 넘어 지나칠 정도로 매우 낮음.

② 그러나 주민 삶의 질과 관련된 복지 등 사회보장지원 수준은 최하위인 17위, 주차장, 도서관 등 주민편의시설 확보 수준은 16위, 교통 등 사회기반시설 확보 수준은 15위로 모두 최하위권이었음.

③ 또한 추세 분석 결과도 이러한 상황이 개선되지 않고 제자리 수준이거나 오히려 더 악화되고 있음.

④ 이는 재정운영 포커스를 오직 '부채(채무) 제로'에만 맞췄기 때문임. 이로 인해 주민 삶의 질 저하는 물론 심각한 지역경제 침체로까지 이어짐.

⑤ 향후 재정운영 방향은 '부채(채무) 제로'라는 보여주기 행정을 전면 수정해, 재정자립능력 내에서 최대한의 부채를 조달해 복지, 주민편의시설, 사회기반시설에 집중 투자하는 적극적인 확장 재정이 필요함.

7장

공공재정 및 정부회계
핵심용어

1. 회계

: 예산 및 결산, 재정, 경제, 경영의 언어

2. 예산서 / 결산서

1) 예산서 : 들어올 돈(세입)과 나갈 돈(세출) 사전계획서(세입세출 예산서)

2) 결산서 : 들어온 돈(세입)과 나간 돈(세출) 실제내역서(세입세출 결산서, 결산재무제표)

3. 현금주의 / 발생주의

1) 현금주의 : 회계기록을 오직 현금의 유입과 유출 시점 기준 으로 인식하고 기록함.

2) 발생주의 : 회계기록을 현금의 유입과 유출이 아닌 경제적 사건 발생시점 기준으로 인식하고 기록함.

4. 단식부기 / 복식부기

1) 단식부기

: 회계기록을 현금이라는 단일계정에 맞춰 작성함. 따라서 현금 이외 항목은 파악하기 어렵기 때문에 전체적인 자산, 부채 파악이 매우 어려움.

2) 복식부기

: 회계기록을 자산, 부채, 순자산, 수익, 비용 등 5개 항목을 이용해 원인과 결과를 동시에 복수로 병행해 작성함. 전체적인 자산, 부채 파악을 쉽게 할 수 있기 때문에 재정을 보다 효과적이고 효율적으로 관리할 수 있음.

* 통상적으로 단식부기/현금주의, 복식부기/발생주의가 서로 쌍을 이뤄 회계처리를 함.
* 단식부기/현금주의 재정보고서
 : 가계부, 세입세출예산서, 세입세출결산서
* 복식부기/발생주의 재정보고서
 : 결산재무제표

5. 수입 / 지출, 세입 / 세출, 수익 / 비용

1) 수입/지출 : 현금주의 개념에 의한 현금 유입액과 유출액을 말함.

2) 세입/세출 : 수입/지출과 같은 개념임. 다만 수입/지출은 회계학 용어이고 세입 /세출은 재정학 용어임.

3) 수익/비용 : 발생주의 개념에 의한 재정유입액과 재정 유출액을 말함.

6. 자산 / 재산 / 순자산

1) 자산 : 미래에 경제적 효익을 주는 모든 재산적 가치 및 권리를 말함. 회계학 용어임.

2) 재산 : 자산 보다는 적은 개념이지만 거의 비슷한 개념으로 사용됨. 법률적 용어임.

3) 순자산 : 순자산은 자산에서 부채를 차감한 것임(순자산 = 자산 - 부채).

7. 부채 / 채무

1) 부채 : 부담해야만 하는 재산적 희생 및 경제적 의무로 채무보다 더 포괄적 개념임.

2) 채무 : 부채보다는 작은 개념이며, 채무는 부채의 일부분임.

국가 및 지방재정법상 채무는 국채/지방채, 차입금, 채무부담행위, 보증채무부담행위 4가지임.

8. 회계연도, 전기 / 당기 / 차기, 기초 / 기말

1) 회계연도 : 회계기록의 단위기간을 말함. 통상 1년이며 중앙 및 지방정부의 경우는 매년 1월 1일부터 12월 31일까지를 회계연도로 하고 있음.

2) 전기 : 직전 회계연도

　당기 : 현재(당해) 회계연도

　차기 : 다음 회계연도

3) 기초 : 회계연도 시작일. 보통 1월 1일을 말함.

　기말 : 회계연도 종료일. 보통 12월 31일을 말함.

9. 효과성 / 효율성 / 성과

1) 효과성 : 목적(목표) 달성 정도

2) 효율성 : 투입 대비 산출의 비율

3) 성과 : 효과성 + 효율성

10. 일반회계 / 특별회계 / 기금

1) 일반회계 : 일반적 활동을 위한 포괄적 예산

2) 특별회계 : 특정한 세입으로 특정목적 세출에 충당토록 한 예산

3) 기금 : 특정한 목적을 위해 설정한 특정한 자금을 말함. 기금은 예산에 포함되지 않으며 기관이 상대적으로 자유롭게 사용 가능함.

* 총예산 = 일반회계 + 특별회계

* 총재정 = 일반회계 + 특별회계 + 기금

11. 본예산 / 수정예산 / 추가경정예산

1) 본예산 : 정기회기 때 의회에 제출되는 차년도 기본예산

2) 수정예산 : 의회에 본예산 제출 후 의결 전에 다시 수정한 본예산

3) 추가경정예산 : 본예산이 의회의 의결을 거쳐 통과된 회계 연도 중에 추가로 변경된 예산

12. 잠정예산 / 가예산 / 준예산

① 잠정예산 : 회계연도 개시 전까지 의회에서 예산이 의결되지 못할 때 상정된 예산의 처음 몇 개월에 대한 지출을 허용하는 예산을 말함.(미국 예산제도)

② 가예산 : 회계연도 개시 전까지 의결되지 못할 때 다음 회계

연도의 처음 1개월분의 예산을 의결하여 주고 1개월 이내에 상정된 예산을 의결함. 1개월이라는 제한만 제외하고는 잠정예산과 비슷함.

③ 준예산 : 새로운 회계연도가 개시될 때까지 예산안이 의결되지 못할 때는 헌법에 의해 전년도 예산에 준해 다음의 일정항목 경비를 지출할 수 있음(한국 예산제도)

가. 헌법이나 법률에 의해 설치된 기관 또는 시설의 유지와 운영을 위한 경비

나. 법률상의 지출의무와 이행을 위한 경비

다. 이미 예산으로 승인된 사업의 계속을 위한 경비

13. 예산현액

: 예산집행자가 사용할 수 있는 최대 한도액

: 예산현액 = 예산액+전년도이월액+예비비사용가능액±이용/전용/이체/변경

14. 세계잉여금

: 당 회계연도에 수납된 세입액으로부터 지출된 세출액을 차감한 잔액을 말하며 결산상 잉여금이라고도 함.

: 세계잉여금 발생 원인은 1)세입예산을 초과하여 수납된 세입

액과 2)세출예산 중 지출되지 않은 금액(이월액, 불용액)의 발생으로 인한 것임.

15. 이월

1) 명시이월

: 세출예산 중 경비의 성질상 당해 연도 내에 그 지출을 끝내지 못할 것이 예상되어 그 취지를 세입/세출예산에 명시하고 사전에 의회의 승인을 얻어 다음연도에 이월하여 사용하는 것.

: 사전 명시한 이월금

2) 사고이월

: 세출예산 중 당해 연도 내에 지출원인행위를 하고 불가피한 사유로 그 연도 내에 지출하지 못한 경비를 다음 연도에 이월하여 사용하는 것. 승인권자는 중앙관서장이나 자치단체장임.

: 미지급한 이월금

3) 계속비이월(계속사업비)

: 수년에 걸쳐 시행하는 사업의 경비에 대하여 일괄하여 의결을 얻은 예산임.

: 계속비로 지출할 수 있는 연한은 당해 연도로부터 5년 이내이며, 의회 의결시 연장 가능함.

: 계속사업비로 나갈 이월금

16. 예비비

: 예비비는 재정활동을 수행함에 있어서 예측할 수 없었던 불가피한 지출 소요에 대해 적절하게 대처토록 하기 위한 제도.

: 일반회계 예산총액의 100분의 1 이내 범위에서 편성

17. 채무부담행위

: 채무부담행위는 예산 확보 없이 미리 채무를 부담하는 행위이며, 한마디로 외상행위임.

: 이는 의회의 의결을 요하며 일반적으로 예산이 부족한 시설 공사 등에 많이 활용됨.

: 채무부담행위 발생연도에는 예산 심사 시 세출예산과는 별도로 의회 의결을 사전에 얻어야 하며, 채무부담행위 다음연도에는 세출예산에 편성해 의회 의결을 얻어야 함.

18. 중기지방재정계획

: 지방재정을 계획성 있게 운영하기 위해 매년 다음 회계연도부터 향후 5년 회계 연도 이상의 기간에 대한 재정 계획을 수립하는 것을 말함. 중앙정부의 경우 국가재정법상 수립하는 국가재정운용계획에 해당함.

* 지방정부(지방재정법) : 중기지방재정계획

* 중앙정부(국가재정법) : 국가재정운용계획

19. 투자심사

: 지방재정의 효율적 운영을 위해 재정투자사업에 대해 사전에 그 필요성과 타당성을 심사하는 것을 말함. 국가재정법상 예비타당성조사에 해당함.

20. 이용 / 전용 / 변경 / 이체

1) 이용

: 정책사업 간(즉 입법과목인 장/관/항을 말함)에 예산을 상호 융통하여 사용하는 것.

: 의회 승인사항

2) 전용

: 정책사업 내 단위사업간(즉 행정과목인 세항/세세항/목을 말함) 예산을 변경하여 사용하는 것.

: 중앙관서 장/자치단체장 승인사항

3) 변경

: 동일 단위사업 내 세부사업 간 또는 동일 세부사업 내 편성목(통계목) 간 상호 융통하여 사용하는 것

: 해당 부처 실국장 책임사항

4) 이체

: 기구/직제 개편, 법령/조례 제정 및 개폐로 인한 예산 이체

: 중앙관서장, 자치단체장 승인사항(의회심의 대상이 아님)

21. 심의 / 심사

1) 심의 : 토의

2) 심사 : 결정/의결

22. 재정융자 / 이차보전

1) 재정융자 : 정부가 직접 공공자금을 조성하여 정책대상에게 자금을 공급해주는 방식

2) 이차보전 : 민간금융기관 등을 통해 간접적으로 정책대상 자금을 조달하게 하고 정부는 이자율 차이만을 보전해주는 방식

23. 지방재정조정제도

1) 의의

: 중앙정부가 지방정부로 일정 규모의 재원을 지원해주는 제도

2) 종류

① 일반재정 지원금

가. 지방교부세

: 목적을 정하지 않고 지방정부가 자율적으로 사용할 수 있는 지원금

나. 국고보조금

: 국가위임사무 등 사용 목적을 정함으로서 지방정부가 목적 범위 내에서만 사용 가능한 지원금

② 교육재정 지원금

가. 지방교육재정 교부금

: 지방교육자치단체의 교육기관 설치 및 경영에 필요한 재원 지원금

나. 유아교육지원특별회계 보조금(누리과정 지원)

: 지방교육자치단체의 유아교육비 보육료 지원사업을 위한 재정 지원금

* 지방자치단체 간 지방재정조정제도 : 시·도비보조금, 조정교부금, 교육청전출금

24. BTL / BTO / MRG

1) BTL(임대형 민간투자사업 : Build Transfer Lease)

: 민간자본을 유치하여 사회기반시설 건설 후 소유권을 국가/지방정부에 이전하고 민간에게 관리운영권을 부여하지만 일반

이용자가 아닌 국가/지방정부로부터 임대료를 받아 투자비를 회수하는 제도(정부재정부담 증가)

　: 적용사업 – 학교, 문화복지시설 등

　2) BTO(수익형 민간투자사업 : Build Transfer Operate)

　: 민간자본을 유치하여 사회기반시설 건설 후 소유권을 국가/지방정부에 이전하고 민간에게 관리운영권을 부여해 일반 이용자들로부터 사용료를 받아 투자비를 회수하는 제도(수익자부담 원칙)

　: 적용사업 – 고속도로, 항만, 경전철, 지하철 등

　3) MGR(최소운영수입보장제도 : Minimum Revenue Guarantee)

　: 민간자본으로 지은 시설이 운영 단계에 들어갔을 때 실제수입이 추정 수입보다 적으면 정부가 사업자에게 사전에 약정한 최소수입을 보장해주는 제도임.

25. 의무지출 / 재량지출

　1) 의무지출 : 법령에 의해 지출의무가 명시된 지출

　2) 재량지출 : 법령상 지출의무가 없고 의회 심의에 따라 결정되는 지출

〈참고문헌〉

감사원 감사연구원, '최고감사기구 혁신체제와 성과분석', 2015.12.

글렌 허버드, '강대국의 경제학', 민음사, 2013.

국회예산정책처, '2023 대한민국 재정', 2023. 8.

국회예산정책처, '2023 대한민국 조세', 2023. 8.

국회예산정책처, '2023 대한민국 경제', 2023. 8.

국회예산정책처, '2022회계연도 결산 총괄분석I', 2023. 8.

국회예산정책처, '국가재정법 이해와 실제', 2014. 5.

국회예산정책처, '주요국의 예산제도', 2012. 5.

국회예산정책처, '주요국의 재정제도', 2016.

경기도 31개 시·군, '2023년 세입세출예산서', 경기 31개 시·군 홈페이지 자료, 2023.2.

경기도 31개 시·군, '2021년 결산재무제표', 경기 31개 시·군 홈페이지 자료,

2022. 10.

김정미, 이강구(국회예산정책처), '해외 주요국의 재정준칙 운용동향과 정책시사점', 2013. 9.

기획재정부, '2024년 예산안 편성 및 기금운용계획안 작성지침', 2023. 8.

다케나카 헤이조, '경제고전', 북하이브, 2010.

다나카 야스히로, '부의 지도를 바꾼 회계의 세계사', 위즈덤하우스, 2018.

대통령직속 국가균형발전위원회, '국가비전을 논하다', 2019. 10.

대한민국정부, '2021~2023년 국가재정운용계획', 2023. 8.

대한민국정부, '2024년도 예산안', 2023. 9.

데이비드 그레이버, '부채, 그 첫 5000년', 부글, 2011. 11.

마스터 히로아, '지방소멸', 와이즈베리, 2014.

마이클 샌델, '공정하다는 착각', 와이즈베리, 2020.

스테파니 켈튼, '적자의 본질', 비즈니스맵, 2021.

심재영, '정부 및 비영리조직 회계기준의 생성과 발전', 에피스테메, 2009. 10.

유승원 · 김수희, '정부예산과 재정관리', 문우사, 2023. 2.

윤성식, '예산론', 나남출판, 2003. 1.

이근, '한국인을 위한 경제학', 박영사, 2010.

이문영 · 윤성식, '공공재무관리', 법문사, 2010.

제이컵 솔, '회계는 어떻게 역사를 지배해 왔는가?', 메멘토, 2016. 11.

조국, '디케의 눈물', 다산북스, 2023. 9.

조일출, '한권으로 이해하는 정부회계', 새로운제안, 2007. 10.

조일출(대표저자), '2009 지방재정평가', 프레시안·희망제작소 공동기획, 2009.12.

조일출, '공공재정과 지방살림', 차오름, 2019. 11

조일출·나인철, '공공성에 영향을 미치는 공기업 성과동인의 구조적 분석', 정부회계연구, 제3권 제1호 2005. 6.

한국경제연구원(김영신, 허원제), '국가부채의 재구성과 국제비교', 2014. 5.

후데야 이사무, '정부회계 혁명', 한언, 1998.

토마 피케티, '피케티의 사회주의 시급하다', 은행나무, 2020.

Eamonn Butler, '공공선택론 입문', 도서출판 리버티, 2013.

GASB 개념보고서 1호, 'Objectives of Financial Reporting', 1987.

GASB 개념보고서 2호, 'Service Efforts and Accomplishments Reporting', 1994.

Jacques Attali, '더 나은 미래', 청림출판, 2011. 3.

Richard M. Walker, George A. Boyne, Gene A. Brewer(배성기, 김윤경, 김영철 역), '공공관리와 성과 연구방향 성찰과 모색', 한국민간위탁경영연구소, 2010.

법제처 국가법령정보센터, 'http://www.law.go.kr', 2019. 10.

17개 광역지방자치단체, '결산재무제표', 17개 광역자치단체 홈페이지 자료, 2018. 8.

당신이 생각한 마음까지도 담아 내겠습니다!!

책은 특별한 사람만이 쓰고 만들어 내는 것이 아닙니다.
원하는 책은 기획에서 원고 작성, 편집은 물론,
표지 디자인까지 전문가의 손길을 거쳐
완벽하게 만들어 드립니다.
마음 가득 책 한 권 만드는 일이 꿈이었다면
그 꿈에 과감히 도전하십시오!

업무에 필요한 성공적인 비즈니스뿐만 아니라 성공적인 사업을 하기 위한
자기계발, 동기부여, 자서전적인 책까지도 함께 기획하여 만들어 드립니다.
함께 길을 만들어 성공적인 삶을 한 걸음 앞당기십시오!

도서출판 모아북스에서는 책 만드는 일에 대한 고민을 해결해 드립니다!

모아북스에서 책을 만들면 아주 좋은 점이란?

1. 전국 서점과 인터넷 서점을 동시에 직거래하기 때문에 책이 출간되자마자 온라인, 오프라인 상에 책이 동시에 배포되며 수십 년 노하우를 지닌 전문적인 영업마케팅 담당자에 의해 판매부수가 늘고 책이 판매되는 만큼의 저자에게 인세를 지급해 드립니다.

2. 책을 만드는 전문 출판사로 한 권의 책을 만들어도 부끄럽지 않게 최선을 다하며 전국 서점에 베스트셀러, 스테디셀러로 꾸준히 자리하는 책이 많은 출판사로 널리 알려져 있으며, 분야별 전문적인 시스템을 갖추고 있기 때문에 원하는 시간에 원하는 책을 한 치의 오차 없이 만들어 드립니다.

기업홍보용 도서, 개인회고록, 자서전, 정치에세이, 경제 · 경영 · 인문 · 건강도서

모아북스
MOABOOKS   문의 0505-627-9784

걷다 느끼다 쓰다

이해사 지음 | 364쪽 | 15,000원

내 글도 책이 될까요?
(2021 우수출판콘텐츠 선정작)

이해사 지음 | 320쪽 | 15,000원

누구나 쉽게
작가가 될 수 있다

신성권 지음 | 284쪽 | 15,000원

독서로 말하라

노충덕 지음 | 240쪽 | 14,000원

감사, 감사의 습관이
기적을 만든다

정상교 지음 | 246쪽 | 13,000원

나인레버

조영근 지음 | 242쪽 | 12,000원

최고의 칭찬

이창우 지음 | 276쪽 | 15,000원

4차 산업혁명의
패러다임

장성철 지음 | 248쪽 | 15,000원

스피치의 재발견 벗겨봐

김병석 지음 | 256쪽 | 16,000원

살아가면서 한번은
당신에 대해 물어라

이철휘 지음 | 252쪽 | 14,000원

성장을 주도하는
10가지 리더십

안희만 지음 | 272쪽 | 15,000원

행복한 노후 매뉴얼
(2022 세종도서 교양부문 선정)

정재완 지음 | 500쪽 | 30,000원

손으로 보는 건강법

이욱 지음 | 216쪽 | 17,000원

자기 주도 건강관리법

송춘회 지음 | 280쪽 | 16,000원

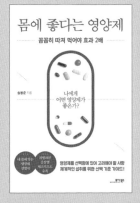

몸에 좋다는 영양제

송봉준 지음 | 320쪽 | 20,000원

해독요법

박정이 지음 | 304쪽 | 30,000원

정부의 예산, 결산 분석과 감시

1판 1쇄 인쇄	2023년 10월 27일
1쇄 발행	2022년 10월 30일

지은이	조일출
발행인	이용길
발행처	모아북스 MOABOOKS

관리	양성인
디자인	장원석 (본문 편집)

출판등록번호	제10-1857호
등록일자	1999.11.15
등록된 곳	경기도 고양시 일산동구 호수로(백석동)358-25 동문타워 2차 519호
대표전화	0505-627-9784
팩스	031-902-5236
홈페이지	http://www.moabooks.com
이메일	moabooks@hanmail.net
ISBN	979-11-5849-221-2 03300